# 彷彿從未心碎

什麼是愛情？
或許，不該心碎。

郘敏

# 再見，玻璃心

編輯序

妳一路為愛走來，磕磕盼盼跌跌撞撞，為愛奉獻癡狂，到頭來，卻發現所有的欣喜、眼淚、悲痛、蹉跎，化作了一顆玻璃心，讓妳脆弱、易怒、易傷。

是誰給了妳一顆玻璃心，讓妳抵擋不住傷心的浪潮與悲情的深淵？

是誰給了妳一顆玻璃心，讓妳忍受著心臟瀕臨破碎的痛？

誰看著妳想要遺忘卻束手無策，只能尷尬之後欲言又止？

誰冷眼旁觀妳的落寞？

誰毫不在意妳的喧囂？

妳竭盡所有力氣追尋答案，卻發現始作俑者彷彿置身黑暗之中，總是能夠輕而易舉地躲開妳的追緝；直到有一天，妳提起勇氣檢視自己的玻璃心，猛然看到了自己的倒影，才恍然大悟：原來兇手不是誰，就是妳自己。

失戀時，妳自然地哭，放肆地哭，視旁人勸慰於無物；受到欺騙時，妳怨天尤人，拒絕堅強。慢慢的，妳漸漸腐化，脆弱彷彿影子般成了妳的一部分，妳有了一顆總是喀嚓作響的玻璃心。

沒有無法遺忘的愛情，一切都是因為那顆脆弱的玻璃心。

它一遍遍提醒妳，妳受傷了，妳忘不了，妳的愛情真實、浪漫、驚天動地，一次又一次，玻璃心欺騙妳，只為了讓妳提供給它更多的營養。

是時候放下那顆玻璃心了。

如果妳一個人生活，就努力過好一個人的生活，戀愛或不戀愛，獨立或不獨立，神祕或不神祕。

郜敏的那些心碎與忘卻的故事，總是能在剎那間揪起我曾經痛過的心，或者猛然想起幾近遺忘的觸動與柔軟。

這不是一本悲慘愛情故事集，更不是要在妳的傷疤上灑鹽，她只是娓娓道來，那些心碎的過往，如同所有人的曾經。

原來可以不心碎，只要告別妳的玻璃心。

之後，彷彿從未心碎。

# 作者序

## 愛情隨筆

什麼是完整的愛情？

一個人的時候習慣性不戀愛，卻微笑渴望等待。
熱戀中，猶如八爪章魚緊緊纏繞，分秒不肯分開。
爭吵和眼淚，都是因為愛。
痛到極致，還帶著三分愛意在夜裡翻牆，雖然終究向左走、向右走。

無論是工作或旅行，時間能救妳的命，把曾經的甜蜜、癡迷、愛意、灰心、絕望、痛恨，逐一稀釋淡化。

我舉著情感的筆，繪畫一個愛情的圓。
圓裡，有細膩、有甜蜜，也有憂傷。
最初的微笑是為了期待，最終的微笑則是為了不再期待。

即使愛情是個任性的魔術師，翻手就能變化出無限美妙幻景，隨即鞠躬謝幕；
我卻仍舊癡迷於那瞬間的光和美，依舊謝謝愛情來過。
我們，終須好好活著，繼續信仰，繼續期待。
彷彿從未心碎。

多年之後，走在千千萬萬人之間，你……
還會再想起我嗎？
如果想起，希望你帶著微笑。

# 目錄


編輯序 再見，玻璃心 …… 2

作者序 愛情隨筆 …… 4

## 第一篇 一個人的日子

1 習慣戀愛與習慣不戀愛 …… 14

2 蕾絲邊？我ＯＫ的 …… 16

3 投資男人也是一種事業 …… 18

4 被迫獨立 …… 20

5 他的電話 …… 22

6 愛情模式 …… 24

7 半邊臉的懷念 …… 26

8 無能為力 …… 28

9 結束之後的表白 …… 31

10 情人節的單身派對 …… 33

11 全世界的聰明人……35
12 可以來接我嗎？……38
13 痛，或者一無所有……40
14 瑪莉皇后……42
15 幸福展覽會……44
16 居然不愛了……46
17 可以不愛了……48
18 彷彿從未心碎……50
19 請來找我……52
20 哈囉，陌生人……54

## 第二篇　永遠在那裡

1 報備的故事……58
2 你心換我心……60
3 Morning call……62

4 戀愛沒有假期 …… 64
5 永不分離 …… 67
6 我愛你 …… 69
7 可以捨棄的天堂 …… 71
8 前任們 …… 72
9 好話永遠不嫌多 …… 74
10 永遠在那裡 …… 76
11 偷穿高跟鞋 …… 78
12 沒有選擇 …… 80
13 讓步 …… 82
14 我正在想你 …… 85
15 戰衣 …… 87
16 手工製造 …… 90
17 從 Jimmy choo 到 Prada …… 93
18 寶貝 …… 96

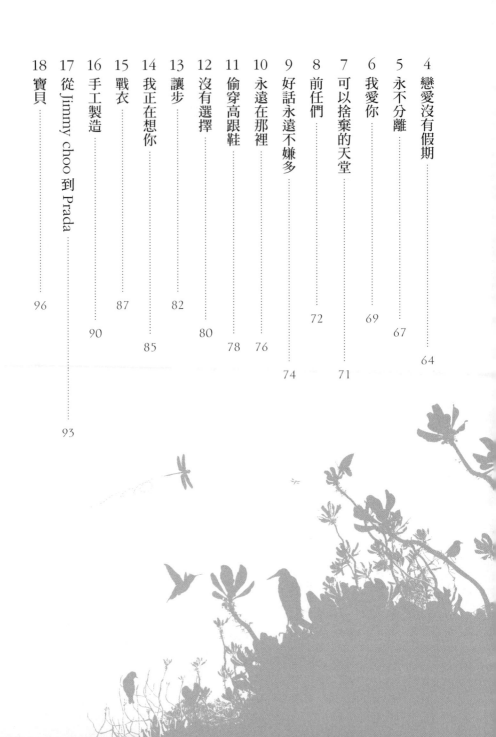

19 抱 …… 100
20 早知道這樣 …… 102


## 第三篇 眼淚

1 你是誰？…… 108
2 相由心生 …… 110
3 一無是處 …… 112
4 請對我說謊 …… 114
5 同一個自己 …… 116
6 超完美嬌妻 …… 118
7 公主和王子 …… 121
8 歡迎回到地球 …… 124
9 眼淚 …… 126
10 妳現在開心了嗎？…… 129
11 被愛，不用道歉 …… 132

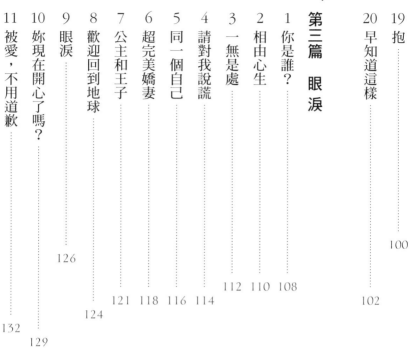

12 不可原諒的錯 134
13 我可以改 136
14 如果要分手 138
15 最好的分手話 140
16 怎麼會 142
17 不嫉妒 144
18 說清楚 146
19 終結 148
20 勸 150
21 承諾 153

## 第四篇 炮灰的心

1 炮灰的心 156
2 遺忘 160
3 冰淇淋女郎 162

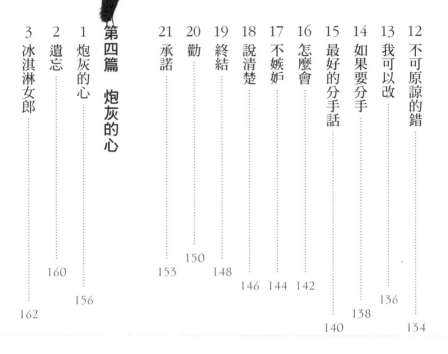

4 刪掉你的號碼 164
5 扔掉電話 166
6 恨 168
7 竟是無話可說 170
8 唯一可以做的 172
9 三秋不見，如隔一日 174
10 傷透心的女子 176
11 奪命河豚湯 178
12 天長地久 180
13 失戀親友團 182
14 失戀經濟學 185
15 贈品 188
16 We had a moment 191
17 同一個時間 194
18 向左走，向右走 196

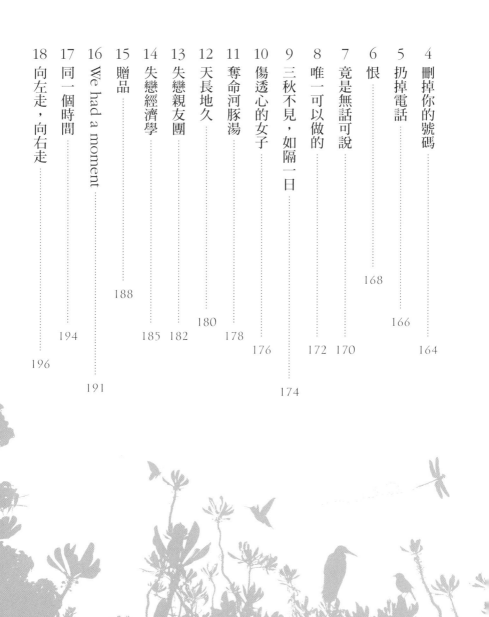

## 第五篇　千千萬萬人之間


1 千千萬萬人之間……198
2 男人的復原期……200
3 如果有下一輩子……202
4 讚美……204
5 情書……206
6 給前任的一句話……209
7 日久情疏……212
8 救命的LV……215
9 都是好的……218
10 名字……220


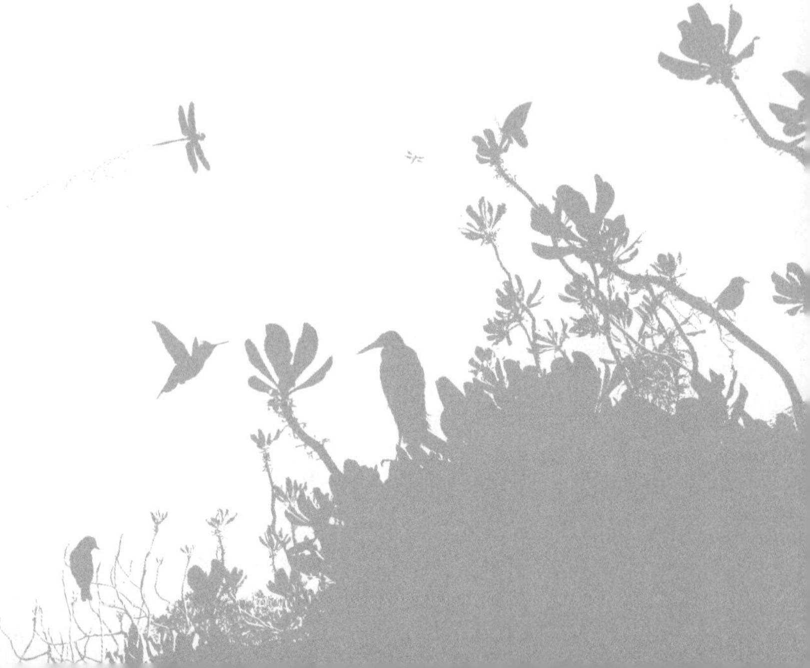

# 第一篇

# 一個人的日子

自己購物，自己下班，
自己吃飯，自己回家，
自己聽音樂，自己看電視，
自己睡覺，自己醒來。

不是不想戀愛，
而是習慣了不戀愛。

# 習慣戀愛與習慣不戀愛

經常戀愛，就不會習慣沒有戀人的日子。

朋友說，她已經習慣每天下班前通電話，看對方在哪裡，要不要一起吃飯。回到家有人關心，有人陪著玩。

告別戀愛，最大的問題就是不習慣。

再次戀愛，也不用對方有多美好，而是習慣戀愛，習慣了有一個人分享妳的生活。

相對地，也有人習慣不戀愛。

自己購物，自己下班，自己吃飯，自己回家，自己聽音樂，自己看電視，自己睡覺，自己醒來。

記不得上次約會是什麼時候，記不得上次和別人二十四小時相處過。

通常也不會去想。

習慣了，並不覺得寂寞。

習慣戀愛，彷彿身旁有兩個抓著橡皮繩不斷轉動的小女孩，抬腳下腳，左跨右跨，眼睛眨個一次，已經跳進跳出了兩三次。

習慣不戀愛，已經很難喜歡一個人；偶爾喜歡了，也不能容忍多一個人占據自己的生活。

習慣戀愛的人，戀愛像穿衣吃飯那樣自然。

習慣不戀愛的人，戀愛則是驚天動地。

習慣戀愛，愛情容易稀薄而簡短，好在去得快也來得快，不至於傷筋動骨。

習慣不戀愛，一旦戀愛，總是燃燒殆盡，至死方休，但別人未必能負擔，甚至所托非人，於是世間又多了一首悲傷的情歌。

習慣戀愛的人看習慣不戀愛的人，覺得他們太無聊。

習慣不戀愛的人看習慣戀愛的人，覺得他們太廉價。

習慣戀愛的人牽著戀人的手，看著人來人往，卻總是不肯定戀人是不是良人。

習慣不戀愛的人一個人在房間裡吃著冰淇淋上網，偶爾看到中意的人，皺起眉頭想了兩分鐘，又回去繼續翻臉書衝浪傳LINE。

# 蕾絲邊？我OK的

以前看過一部電影，裡面有個女生談起自己的性取向。

「我不是蕾絲邊——我喜歡人，是因為他們的個性；只是剛好我喜歡的人都是女人。」她說。

我忍不住笑了。

在過去的幾年裡，女性朋友給我的快樂和陪伴，遠遠超過男性。

現代的男人越來越追求感官享受，重視外表打扮，責任感卻下降了，他們聰明而清醒地和妳約會，一有風吹草動就消失，過程中彼此鬥智鬥勇，即使傷害了妳也覺得理所當然。

「感情中一定有人要受傷啊。」他們這樣說。

於是我開始小心翼翼，不再分享、不再透明，甚至不再給予。

相反地，我百分之百信任我的女性朋友。她們陪伴、她們傾聽，在她們面前，我能擁有百分之百的快樂和放鬆。

我認識一個T，和她的女朋友在一起十四年。

她對我說，女人關心女人的程度，遠遠勝過男人。

她會每天打電話問她心情好不好，接她下班，隨時接她的電話，即使是凌晨三點。她永遠不對她撒謊，所有重要的節日都送她禮物，她開心的時候她和她分享，她傷心的時候她寸步不離。

如果讓我選一個人度過之後的漫漫餘生，我第一時間想到的，反而是一個閨密——我想了又想，卻想不到哪一個男人可以讓我付出百分之百的信任和愛。

如果這樣就是蕾絲邊，好，我就當蕾絲邊吧。

# 投資男人也是一種事業

「戀愛是一場無形的較量……幸好我沒有輸過。」

晚上十點，V小姐穿著一件堪稱性感的睡衣，如是云。

我相信，這件性感睡衣，她穿了一整天。

是睡衣，也是工作服。

V完全不工作，周旋在兩個男人之間。一個是給她生活費的已婚男士，一個是住在另外一個城市的未婚夫。結婚之後，V會離開這座城市與已婚男友。

V的房間慵懶而舒適，一年四季如春。

「我該不該打給我未婚夫？」V不停追問。

前陣子，V的未婚夫發現V與已婚男士有些曖昧，於是兩個人冷戰中。

這是V當下唯一的煩惱。

而我，每天凌晨三四點才睡，早上七點半被鬧鐘叫醒，八點起床，九點打開電腦開始做事，私事公事無數，幾乎沒有停擺直到晚上十點。躺在沙發上，我盯著電腦，幾乎要昏過去。

有些女人，生來就是享受男人關愛的。
我認識不少V這樣的女人，男朋友好得一塌糊塗，全部身家交上，該走的時候，V卻依舊毫不猶豫地離開。
也不能說V不工作，她唯一並且擅長的工作，是投資與管理男人。
這也是一種專長，我想。
V的電話響了，她看了看手機，開心地笑了：「我就知道他會打給我！」
我為她開心。
和V相比，我天真純潔得彷彿是十二歲的處女。
鬥志鬥勇，裝成什麼樣子去贏得一個男人，我是做不來的，光是想都覺得辛苦。絞盡腦汁去想他下一步要做什麼，我怎麼做會贏得他的愛？天，我還是努力工作吧。
從早忙到晚，看到鏡子裡自己因為疲倦而發紅的雙眼，我難免也會有一點點的灰心。
但是，好像也沒有什麼後悔。

# 被迫獨立

不知道什麼時候，我身邊的人都把「獨立」當成我的標籤之一。

大學時外出讀書，背著電腦和行李四海為家，自己應付一堆事情，習慣依靠自己。後來畢業工作，慢慢走到現在，朋友說起我，都覺得我上進有事業心，甚至像個事業第一的工作狂。認識的男孩子也說，別總是那麼忙，閒一點，就更像女生了。

我完全是被逼的。

我的人生理想就是生三個孩子，每天和先生互相夾菜塞對方的嘴，他上班的時候我在家裡看電影、寫兩筆言情小說。

為什麼到現在變成這樣？

原因之一可能是從小家庭教育太好。爸媽都是老實人，從小教我：除了要結婚的那個人，不能收花跟巧克力之外的東西，堅決不要有任何物質瓜葛。

別人送的不敢要，自己又很喜歡漂亮的東西，只好努力工作。

女生獨立算不算優點？

看看自己所擁有的東西，包包大衣手表鑽石，所有的東西，都是自己買的。我覺得驕傲，當然也難免有一點點遺憾。

做為一個所謂的獨立女性，我偶爾也會羨慕我那些不獨立的女性朋友。她們覺得我的生活很精采，每天可以見很多人。她們不同，每天在家只為了等一個人。

她們抱怨無聊，之後我會反擊。

怎麼會無聊？如果我每天都可以等我愛的那個男人回家，不知道有多開心。

沒有他，過得很好；有了他，人生則有了光。

這應該是最好的狀態。

## 他的電話

抓著電話，我居然哭了。

我們上次見面，已經有十年那麼久了。

十幾歲的時候，他喜歡我，追我。

年少時候的愛，透明得就像水晶。完全沒有任何物質或者身體的追求。

只是單純喜歡。

眼淚來得完全沒有道理。

少年時代的感情，雖然純潔美好，卻從來不深刻。

為什麼我會一邊聽電話一邊流眼淚？

對方在高速公路上，聽不到我這裡的動靜。

他一直簡單而純樸，在我之後交往了一個女生，六、七年長跑之後結婚。

我為他開心。

他問我近況如何，我說：「你不知道我永遠是單身嗎？」

以前說這句話的時候，我總是帶著一點點自豪——自己從來不會被任何感情牽絆。不知道為什麼，今天說這句話，卻覺得有一點點自嘲。

他一生只牽過兩個女生的手。

曾經的我，只想不停地往前走，不停地走，不願意為任何人停留。

我總是想，等我夠好了，我才有資格戀愛，才有資格談愛情。

很多真的很好的男生，我粗暴而冷淡地對待他們的感情。

但，如果一切回到少年時代，我相信，我還是會做一樣的選擇。

我要去很多地方，不會太早戀愛結婚，因為這就是我。

可是，在這個夏日週末，我在電話這頭，眼淚卻始終抑制不住。

# 愛情模式

珍珠是我的一個朋友。

她應該算是正在和某人交往吧。

兩個人每週見三到四天，對方在上海，計畫每週如何見面，路過機場會想起她、買玩具熊給她，認識對方的朋友，也談過對家庭和婚姻的想法。

「不知道為什麼，我不覺得這個男人是我的。」珍珠說：「我從來不關心他白天去哪裡，見什麼人，看見他房間有女生的衣服也不生氣。我們從不吵架，一切都很客氣很禮貌，一切四平八穩地進展著……」

禮貌、周全、理智、平和。

這就是他們之間的關係。好像也沒什麼不好。

一段感情，也不是一定非得死去活來才算認真。

只是，缺了一點點東西吧。

每個人性格不同，感情模式也不同。

我的戀愛模式非常簡單直接。喜歡就是喜歡，不喜歡就是不喜歡，絕對不會鬥智鬥勇，你進我退，不玩遊戲，不繞圈子。

我要的愛情，是百分之百簡單的愛情。很喜悅、很想念的愛情。

我要很愛很愛，就算知道之後會很傷很傷。

我不覺得我聰明，也不覺得我的方式是對的——那麼，我又有什麼資格去研究他們的愛情？

此刻，每週和男朋友見三到四次的那個人是她，有玩具熊收的是她，和他的朋友一起吃飯聊天的是她，男朋友問起家庭想法的是她，而自以為懂得愛情的我，每天晚上獨自坐在家裡，對著電腦寫作。

我安慰自己，並不是隨便什麼人都值得我給予、明白、付出。

如果是我在珍珠的愛情模式裡，什麼都好，只是不太愛，我未必能接受。

當然，她來我的世界，很清楚很絕對會覺得太慘烈太寂寞。

愛情模式，和愛情一樣，沒有對錯。

開心就好。

# 半邊臉的懷念

做了個奇怪的夢，醒來仍舊覺得一切歷歷在目。

洗手間裡有個女生，長頭髮，綁辮子，我看到背影，但之前進去洗手間的明明是個男人。

房間裡，一隻巨大的紅色蠍子和我說話。

「這確實是那個男人，妳此時看到的他，是他心裡一直惦記的那個人。他因為想念以前的她，所以變成了她。」

於是我衝到鏡子面前，看看我會變成誰。

我的臉，只變了一半。半張臉是自己的，另外的半張……

看不出來是誰。

我看啊看啊看了好久，蠍子不耐煩了，說，「妳的另外半張臉，是○○○。」

聽到蠍子清楚地講了某個異性的名字，我馬上嚇醒了。

每個人，用另外一個人的形象遊蕩，至少照鏡子的時候是快樂的吧，可以看到對方。除非像我一樣，恐怖的半邊臉。

當然，比起完全變成另一個女人的男人，我的半張臉，可能是因為愛得太少。

如果可以選擇，我連半張臉的懷念都不想要。

過去就是過去了，何必帶著半邊臉，遊走在人世間？

愛的時候，全力去愛，不犯錯，離開之後不懷念。

如果一對情人，在同一個房間，分別變成不同的異性……

我忍不住笑了。

# 無能為力

早上六點，門口有動靜，是她和一個男人說話的聲音。

我有點意外她居然帶了男人回家，後來才知道，原來她被醉酒的人誤傷，流了很多血，朋友陪她去醫院縫了八針，剛剛送她回來。

早上九點，收到他的簡訊：依舊放蕩的週末，喝多了，睡不著。想妳。

她一隻手完全不能動，我煮了湯，幫她穿衣拿水吃止痛藥，看著她痛得在沙發上蜷起身體皺起眉頭，我有些內疚，昨天晚上應該陪她出去的。

回簡訊給他：我明白什麼是 the power of love。我只是不希望這樣的故事發生在你身上。

那個十三歲喜歡彈吉他、男生短髮的女生一去不復返了。

她開始不相信愛情和人性，選擇和一個女人在一起十幾年之後，獨自住著。每天玩到天亮回家，遇到錯誤的人，傷害別人，或者被別人傷害，大醉，酒醒之後一個人看二十個小時的電視。

那個二十一歲，為了愛在黑暗中自殺的男人一去不復返了。
他再也不談戀愛，開始與十七歲的女孩交往，酒店公關、電視演員、模特兒。每週固定跑夜店，酒精不夠，於是開始使用各種麻醉品。

我一個人看「愛在瘟疫蔓延時」，最後的十分鐘開始落淚。
和電影相比，我情願你們普通一點。
一整天，巨大的傷感莫名地填充心扉。
我身邊的這些人，都一概這樣的恣意天真固執，而我，什麼也做不了。

不知道是不是過了午夜，傷感會蔓延得比較快，我早早回到自己房間，對著一盒面紙大滴大滴地掉淚，沒有緣由地哭了很久。

我可以為她做什麼？我可以幫她穿衣拿水，可以在週末的晚上陪她看電視，可以陪她去看醫生清洗傷口。

我可以為他做什麼？一起吃個飯打發週五晚上，讓他的約會名冊上多出來一個類型。

除了這些，我好像什麼都做不了。

雖然他們似乎也不需要。

輪廓和模式很清楚，完全不需要也不能容納其他的鑑定。

明白卻無能為力，愛戀無可救贖。

這就是我們要面對的真相。

# 結束之後的表白

如果妳喜歡一個人，妳會打電話給他，約他出來嗎？

有多少的女生會做這樣的事情？

現在男女平等，女追男的事情常常發生，聽說有三成的女生會做這樣的事情，應該不稀奇吧。

妳會嗎？

別人我不知道，至於我，是死也不會的。

前些日子做個心理測試，最後測出「矜持孤傲」這四個字。

我完全不覺得我可以和這些字掛上關係。

實際上，我對身邊大多數的人是很友好的，超級容易當朋友的。

但是另一方面，我對我喜歡的人，確實是孤傲矜持無誤。我一定不會主動打給他、約他出來，甚至連發條簡訊也會猶豫——萬一對方不回簡訊怎麼辦？我才不會原諒他，我一定會不理他，甚至會刪掉他的號碼……你想起我再找我吧，反正我不會再找你了。

好玩的是，當我知道我們注定沒有結果的那天，我會告訴他我喜歡你，或者我喜歡過你，因為我不允許暗戀這種事情發生在我身上，然後我們可以清清楚楚地當好朋友。

但是在那之前，我一定會藏得好好的，哪怕藏到牙齒酸痛，渾身無力。

我真的不懂怎麼追一個男生，我唯一會做的，就是留在原地等待，等啊等啊，等到事情已經變成過去式，等到你已經有了女朋友，或者我慢慢走過去了，不再喜歡你了，我就解脫了，然後就可以約你聊天吃飯玩樂。

「你真的不知道嗎？我之前喜歡你欸，以前接你的電話都會緊張到不知道要說什麼……以前還會去臉書偷看你的照片……」

在我可以輕輕鬆鬆地把感情講出來的時候，一切都過去了。

最初的表白，我總是放在最後的最後。

# 情人節的單身派對

一週之前，街道就處處掛起了大幅標語：情人節浪漫晚餐預訂。

終於推不掉的這一天來了。

單身的人最恨節日，節日恐慌症一年年雷打不動地按時報到，真到了那天，和誰出去吃飯呢？

有沒有一個人，可以從耶誕節、跨年一直吃到情人節？

所有的節日都在一起，才算是在彼此的生命裡吧？

親愛的，如果你實在想不出什麼節目，就辦個單身派對吧，打電話給十個單身朋友，並要求他們再帶十個朋友來，進場規則是單身，並且認真尋找約會甚至結婚對象。

一年只有一次情人節，女生當然要穿得漂亮。這一天，我一定會找化妝師、造型師——每年至少有六個晚上，我一定要打扮到漂亮得不像話：生日、他的生日、耶誕節、跨年、紀念日以及情人節。

到場的女生要互留電話保持聯繫，免得有人同時與妳們兩個約會，再說，萬一沒有男人約妳們，至少妳們可以一起出去晃一晃。

男生必須準備禮物，因為女生在情人節必須收禮物。

如果沒有一束鮮花，至少收一片浪漫喜劇ＤＶＤ也好，至少它能夠打發漫漫長夜。

派對至少要有十五個單身男生，讓我快樂地在你們中間走來走去，被照顧被關心，有人幫我拿飲料，有人講笑話給我聽。

看看，這麼多不同類型的男人，有的安靜有的幽默有的英俊有的沉穩，每個人都有每個人的好，這個時候，妳應該拍拍腦門——為什麼身邊有這麼多優秀的單身男人，卻從來沒有和他們約會過？

這個派對可以辦在二月十三日，幸運的話，妳十四日就有節目了。

辦在十四日也可以，反正在情人節這天，自己一個人跑來參加單身派對的人，肯定是真正的單身。

# 全世界的聰明人

《赤壁》很市場策略地分成上下兩集，可以賣兩次電影票。

電影挑不出什麼毛病，故事、台詞、演員、攝影……或許也有美中不足，但是一大片火在銀幕面前燒成一片海，成功地轉移了妳的注意力——妳會想，多大的場景啊，某些導演一輩子也沒有機會拍這樣的鏡頭。

這部電影裡，到處都是聰明人。

對著天空喚來東風的諸葛亮，在睡夢中殺掉敵人兩員大將的周瑜，女扮男裝獨自深入敵營的女間諜，懷著孩子用一杯茶拖時間的小喬……

個個心思縝密，天衣無縫，謀劃著怎麼贏，為此，什麼都可以犧牲。

我哭了兩次，是因為一個虛構的人物。

全世界都是聰明人，只有他，什麼都不懂，站在牆角，用身體托著他的朋友，讓她安全畫下她想要的地圖。他一次又一次保護她，在別人發現她異常的時候，不顧一切地為她打架：「他不是奸細！他是我的好朋友！」

他甚至根本不知道她是她。

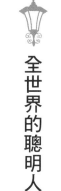

他把她拖出圍牆，再回去為她打架。

如何告別呢？如何開口呢？

她只能說：「我會來看你的。」

回到自己的陣營，她神思恍惚，想著那個傻傻的朋友。

戰場上，她終於看到他，她什麼都不管了，衝出去找他。

他自然認不出她，戰場上看見人就砍。直到發現是她，他停下來，箭卻也射了過來……

整場電影看到的都是聰明人，每天遇見的都是聰明人，全世界都是聰明人，聰明人見多了，時間長了，連我都變成了聰明人。

聰明人超級愛惜自己的羽毛，一點點風險也不冒，一點點委屈都不受，被人欺騙利用，更是不可能發生的事情。

聰明的男人會前一天發訊息說我永遠愛妳，後一天就徹底消失。

聰明的男人約會三次，如果連親都沒有親到一定撤退。

聰明的男人會同時和幾個女人約會。

聰明的男人不主動打電話不主動承諾，因為不想讓對方太驕傲。

聰明的女人會談判。
聰明的女人不會讓男人太快得手。
聰明的女人如果得不到自己想要的，馬上轉身走人。

我們都是聰明人，事事都在控制之中。
只有傻子，才永遠不會離開。
全世界的聰明人，你們盡情聰明吧，離我遠一點就好。

# 可以來接我嗎？

誰是你一下飛機馬上就想見的人？

一趟旅行，雖然不至於大包小包，但旅途疲憊肯定寫在臉上。如果不是很想見的人，就別讓他來接機了吧。聰明如妳，想來不會把整個旅途的疲憊和繁瑣行李，毫無掩飾地交給另外一個人。

於是習慣了下機之後，對著接機的人群目不斜視。

如果接機處有一個等妳的人——公事除外，那麼，恭喜妳。在這個城市，有一個妳很想見很想見的人，或者是一個彷彿親人的、在妳最疲憊狼狽時，依舊可以和對方共處的好朋友。

有很多幸運的人，有人接機；當然，也有很多和我一樣，獨自行走目不斜視的單身女子。

當然，也不是完全沒有人可以找，但是左思右想，卻寧願自己辛苦點。

對方把我放入他的生活，我才願意給出那張接機許可證書。

從另外一個角度來說，如果對方去什麼地方，從來不讓妳知道……

你們離和親密戀人還差得遠呢。

## 痛，或者一無所有

大概六個月前，我去參加V小姐的「告別&訂婚」派對，看著她如願以償地實現很多女人的理想：三克拉的戒指，門當戶對的家庭，男方長相不錯，背景很好，漂亮的新房子和無憂無慮的下半生。

只有我固執地在這個時候問：「妳愛他嗎？」

她欲言又止。

我曾經見過沉浸曾經在愛中的V，此時她說起男方的神情，和我們說的那個「愛」沒有關係。

但是作為朋友，也不必那麼變態，只要有人對她好、照顧她，何必一定要看到她為愛傷心糾葛？

對她的選擇，我是尊重而矛盾的。不知道該說好，也不知道該不該說不好。

在V的夢想派對上，我完全沒有半點羨慕的意思。直到回家的路上，我發簡訊給朋友：我好幸運，還有機會去愛，還有機會去痛。

朋友回：痛，或者一無所有。

講得真好。直到很久很久之後的現在，我還是會偶爾想起這句話。

痛是好的，會痛表示你還活著。我覺得，每次痛的時候，妳應該感謝那個讓妳痛的人。

偶爾出現的情緒波動，最初的彷徨迷惑，瞬間之後，我的第一個想法都是感謝。我會充滿無限謝意看著我的床、我的衣服、我的窗戶，以及窗外的燈光。

天，人生多麼美好，謝謝萬能的主——請原諒我只有在這個時候想起祢，讓我有能力去想念、去感受，感謝萬能的主讓我有機會去生氣、去痛苦，感謝萬能的主給我機會體驗美好而短暫的人生。

最後，煩惱一下下，感受一下下自己還活著就夠了，道謝，然後去做點別的什麼事情吧。

「在痛苦與一無所有之間做選擇，我會選擇痛苦。」

威廉・福克納一定經歷了很多大痛苦、大幸福。

一無所有是不可能的。幸福必定正在某個地方。

# 瑪莉皇后

我去過凡爾賽宮四次，看過瑪莉的后冠和她的床，以及她曾經躺過的噴泉。

本來無趣的地方，因為有了瑪莉的傳奇，所以變得精采起來。

可是，皇后，怎麼可以精采？皇后，怎麼可以半夜戴著面具去跳舞，宿醉不歸？

我愛她精采絕倫的髮型——一頭雞毛撢子，或者在腦袋上放一艘船去參加派對；我愛她自編自演的歌劇；我愛她的裙子和鞋子——那些款式，現在穿出門也未嘗不可；我愛她堅持等待得到了國王的心，我愛她天使一樣的孩子。

瑪莉想要什麼就有什麼，但大多數女人，看過她之後，都會覺得自己很幸福。

瑪莉錯了嗎？

她只是一個正常的女人，愛美要開心要愛情。

她沒錯，只是她不該是皇后。

這樣一想，我們這些不是皇后的女人，反而應該慶幸。

不用被逼著訂婚、結婚，想見誰就見誰，只要開心就可以脫鞋子跳舞，即使債務纏身，也不用面對別人的譴責，可以穿著拖鞋不化妝出門，生孩子的時候，也不會有一百個人在旁邊看，不用一早就被叫醒，然後被一堆人盯著換衣服。

我可以做任何我想做的事情——只要我願意，我可以隨時改變我人生的方向，去任何地方，過任何一種生活。

確實該慶幸。

# 幸福展覽會

去看一個朋友，一次家訪，變成了幸福展覽會。

她脖子上戴著他新年送她的定情項鍊，沙發旁放著她送他的按摩器，牆上到處都是兩個人的合照，桌上臥室房間都是卡片，寫滿了各種字體的想念與愛戀……天，連她的狗都胖了一圈。

「我自己也覺得太肉麻太甜蜜了，可是真的說不膩，想你、愛你，自然而然就會脫口而出。」她說。

「嗯嗯。」我禮貌性地點頭。

「我以前都習慣一個人睡一張大床，現在兩個人緊緊抱著睡，不算舒服，但是也從來不放手。」她說。

「嗯嗯嗯。」我客套地微笑。

「有時候半夜醒來，就跟他說剛剛做的夢……每天都在想要煮什麼東西給他吃……我從來沒有在戀愛中扮演過這麼多角色，有的時候我是母親他是孩子，我要照顧他，有的時候我是孩子他是大人，他要照顧我……」

「……」她沒有給我發表意見的機會，於是我開始玩手指。

戀愛的時候，世界出奇的美好，每一秒鐘都是。

也難怪我和已經結婚的閨密會漸行漸遠。

一來，朋友已經有了和她分享生活的另一半；二來，五個小時的幸福展覽會實在太久。

我正在走神，渾身上下散發著刺眼幸福光芒的女人突然拍我一下，問：「妳覺得我情人節要送他什麼禮物？」

我忍無可忍，長嘆一聲，承認自己被打敗了。

# 居然不愛了

他是妳對最好的朋友講述過一千遍一萬遍的名字，妳看到他就開心地小鹿亂撞，妳一分一秒數著彼此分開的日子，妳非他不嫁，妳幻想著未來甜蜜家庭的模樣……

妳為他奔走千里，妳為他在路邊淚如雨下，分手的時候，妳痛到去看心理醫生，以為自己再也不會去愛別人了。

直到有一天，妳發現，妳沒有再和他分享重要事情的衝動了，悲傷的時候不會想起他，快樂的時候更不會想到他。

他在妳心裡的影子越來越淡，淡到想起他名字的時候，幾乎沒有感覺。沒有開心，也沒有不開心。

曾經那樣劇烈鋪天蓋地的愛，被日子慢慢風化成了一張發黃的紙。依舊存在，沒有消失，卻只是隔岸觀火般不痛不癢。

原本以為要痛一生的傷疤，已經悄然被歲月治癒，只剩下皮膚上模糊的小斑點。原來以為一輩子不會忘懷的那段感人真情，現在開始覺得或許只是自己的幻想。對他的愛，已經變成了一個空空洞洞的字眼，至於恨，更是談也談不上了。

妳迷惑地回頭，曾經以為一生最愛的人，就這樣不愛了。

原來萬事萬物都會被時間吞沒，最後消逝無蹤。

# 可以不愛了

一個人的日子，妳已經過了很久。

上一段戀情結束之後，妳發誓再也不要和錯的人開始，不想在分手時經歷那樣的痛。

單身的第一年，妳想看更多的世界，認識更多的人。

單身的第二年，妳決定休息一下，關在家裡，完全沒有社交活動。

單身的第三年，妳總算肯和別人出去約會了，但是之前的那個太好，導致妳標準太高，於是很難接受對面這個人的愛。

單身的第四年，妳終於決定忘掉前任，降低標準，但是身邊好一點的對象，彷彿都約好了似地不再單身……

這些年，妳一個人吃飯，一個人睡覺，一個人旅行，一個人從這裡搬到那裡。

妳也不想做獨行客，每年平均有三到五個追求者，其中有一個是妳覺得可以嘗試交往的對象。妳試過，卻總是因為各式各樣的奧妙原因不了了之。認真說起來，無非是時機和人總是輪流出問題。

有很多情人勉強在一起，各取所需，妳不羨慕，更沒有辦法學習。

等著等著，有的時候，妳會突然灰心，賭氣對自己說：我可以一直這樣過下去。單身又怎麼樣，我會升職，買間公寓。平日上班，週末有家人和朋友。日子很好，我很滿足，不一定要有一段感情才叫完美。

於是妳打算找個新地方旅行，妳完成了今年的工作計畫，妳決定明天寄禮物給老朋友，妳決心把自己的小日子好好地過下去。

睡覺的時候，妳閉上眼睛，鼓勵自己。雖然一個人，但是妳滿足、妳快樂，幸福在妳手裡。

「我會快樂……我會幸福……會有一個人出現，愛我……」

瞇著眼睛在床上喃喃自語，然後我睡著了。

# 彷彿從未心碎

彷彿從未心碎，則應該是終究釋然了吧。

妳依舊記得幾年前，剛剛分手的時候，妳痛哭流涕打給朋友。妳說，問題是，我從來沒有打算為他等待，我也有我的計畫去見新的人。可是，我只是突然發覺，原來我早已經碎在那裡了。

此刻的心情，倘若非要用一句話來描述，妳突兀地想到這句——彷彿從未心碎。非常安靜、平和，微笑的、隱約的好像一次重生，燒掉了羽毛的鳥，涅槃新長出的翅膀。

乾淨純潔的、新鮮的，願意去相信，以及依舊可以去愛、被愛的。

一句很簡單的話就是——愛的能力，彷彿回來了。

愛的能力，總是非常重要的。妳可以有想念一個人的能力，願意付出願意等待，願意去愛對方。

愛的能力，是所有愛情的導火線和救命稻草。

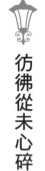

應該值得開心的事情是妳於是微笑起來，對自己說：好吧，或許，我會再戀愛……帶著一顆好的心。

但是，壞人、已婚人士、心裡還愛別人的、心還碎在那裡沒有好的，或者，根本就沒有心的人，請不要和我說話。

## 請來找我

人類死光了，只剩下黑人開著一輛破車，帶著孩子送給他的狗。

「你要保護爸爸。」

這是孩子對狗說的話，也是他聽到孩子說過的最後一句話。

他一個人吃東西，一個人在甲板上打高爾夫，一個人去租片，和店裡的人偶打招呼，裝作要搭訕的樣子。

每天早上，他一個人在空城裡走來走去，喊話的聲音在空中反覆飄蕩著。

「你們還有誰活著，請來找我……我可以提供食物與庇護所，我有你們需要的東西，請來找我……」

請來找我……請來找我……請來找我……

即使是病毒感染的變異人，他們白天藏在洞穴，肩膀也互相依靠著。一個被逮走，另外一個會報仇，黑人設圈套抓走了變異人的情人，於是變異人用同樣的方式殺死他的狗。

於是唯一陪伴他的狗也消失了。

如果是妳，妳會怎麼做？

也許我會讓變異人咬一口，變成他們，因為想有人在旁邊。

順道一提：即使擁有了整個世界，沒有人和你分享，又有什麼意思？

# 哈囉，陌生人

電影《偷情》（Closer）裡，娜塔莉波曼撞車醒來，看見裘德洛，她開口講了整部電影第一句對白：「哈囉，陌生人。」

到了最後的最後，裘德洛才知道，她的名字，不過是在墳墓上看來的一個假名。

大部分的家長都會告誡孩子：不要和陌生人說話，A小姐成長的環境非常淳樸和善，從來沒有聽過這樣的名言。

那個時候的她，不知道也不覺得世界上有壞人。

至少她的世界沒有。

A小姐曾經的人生信條是多和陌生人說話。

「這就是生命中好玩的事情。」她說：「陌生的人、陌生的事情、陌生的世界，每一個陌生人都會打開人生的另外一扇門。」

像所有的年輕人一樣，A對陌生人充滿了興趣，總是會興致勃勃地開始一番談話。

有些陌生人還是陌生人，有些陌生人變成了朋友。

她遇到了很多好的陌生人，很多不經意之間無私地給予，也知道原來真的有些人有著各式各樣的壞，會騙你、會害你。

年輕女郎被騙，無非騙財騙色。有人騙錢，一兩次之後A也就學了乖；未婚夫人間蒸發，才真的差點要了她的命。

她開始知道，為什麼不要輕易相信別人的話，為什麼不要和別人分享隱私，為什麼不要借錢給別人。

她從那個熱愛陌生人喜歡交朋友的年輕女郎，變得小心謹慎。

沒有變的，是她依舊喜歡陌生人這個詞彙。

陌生人。

聽起來就覺得有著無限的未知與可能。

就像是躺在馬路上，剛剛睜開眼睛的娜塔莉波曼一樣，微笑，看著自己面前某個男人的臉：「哈囉，陌生人。」

是微笑，是歡迎。原來即使曾經深受重創，她依舊捨不得就此離場。

篩選再嚴一點，期望再少一點。

再親密也要知道，對方曾經是陌生人，以後也可能繼續是陌生人。

只是，此刻，微笑吧。
哈囉，陌生人。
歡迎來到我的世界。

# 第二篇
# 永遠在那裡

所有的悲歡喜樂，
可愛而瑣碎的生活，
我只想和你分享。
這個時候，
我唯一想見的，只有你。

因為你是你，
因為你永遠在那裡。

# 報備的故事

A小姐從來不報備。

我在吃飯，我在睡覺，我在樓下買東西……

既瑣碎又無聊，平淡無奇，毫無新意。報備是最無聊的女生才做的事情。

「一點點自制力和一點點距離感，他就會擔心失去妳。」她這樣告訴我：「我在做什麼，他不需要全部都清楚。對方知道妳每天的行程，多沒有神祕感、多無聊。得來不易的東西，大家會比較珍惜。」

突然有一天，A小姐開始整日報備了，內容當然是她之前嗤之以鼻的那些廢話。去公司的路上、去吃午飯了、去見某某人了、到家了、上床了。巨細靡遺，生活變成簡訊，一通又一通傳了過去。

改變的原因很簡單：男人在另外一個城市，距離已經夠遠了，實在不用再拉開距離了。另外，對方一開始就擔心這段感情，所以A小姐痛下決心，坦率真誠，給對方足夠的安全感，點點滴滴，都是為了說明「我會一直在這裡」。

遠距離，該給對方安全感？

我想，其實A小姐不知道的事情是，這次，獲得安全感的，其實是她。

兩個人雖然在兩個地方，但是做了很久的好朋友。她不開心的時候，他連出去吃飯都要和她通報，然後早點結束飯局陪她；他被女朋友傷害的時候，她出去喝茶都帶著電腦；他知道她所有的男友和分手原因，她對他前任女友的故事如數家珍。兩個人的性格品性、情緒愛好，彼此都清楚得很。

如果有一天，有一個人，妳在他面前可以不用聰明機靈，無懈可擊，光鮮亮麗，連最最無聊的事情都可以想報備就報備，而他也非常開心地接收妳的每一筆流水帳……

想到他就發簡訊給他，因為妳知道他不會覺得妳的簡訊無聊，不會覺得妳得來容易，不會考驗妳、觀察妳，他知道妳是誰，他和妳在一起。

世界一樣地喧鬧美麗，但這次，他在那裡。

想起他，妳就會微笑，非常安心。

# 你心換我心

某男人鄭重問：「做我女朋友吧。」

我脫口而出的回答居然是：「謝謝。」

必須謝謝。

全世界這麼多人，謝謝你把我放在心裡一個與眾不同的地方；同時，大家都聰明自愛，不是每個人都有勇氣問出這句話。

其次，可以還是不可以。

如果不可以，為什麼？清清楚楚地回答，不欲擒故縱、不玩遊戲、不浪費對方的時間。

生活就是喜歡和妳鬥智鬥勇。

妳可以為之等到深夜的那個人，只是蜻蜓點水般走過妳的生活；妳從未在意的，卻認真地轉過身，問妳最近好不好。

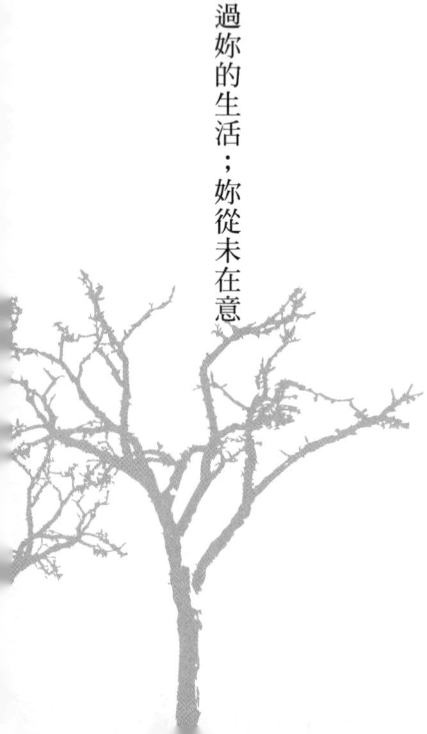

有一點是肯定的：不知深淺恃寵而驕的輕狂早已過去；為了一個錯的人淚灑街頭自討苦吃，一次就好。

逐漸明白，最幸福的生活，就是別人給我多少，我還給別人多少。

不重視妳的，讓妳等待的，讓妳不開心的，刪掉他的號碼，就這樣過去吧。

對妳不好的人，不管他多好，仍舊對妳不好。

如果有個人，飛了半個地球就是為了看妳一眼。

多和他說兩句吧。

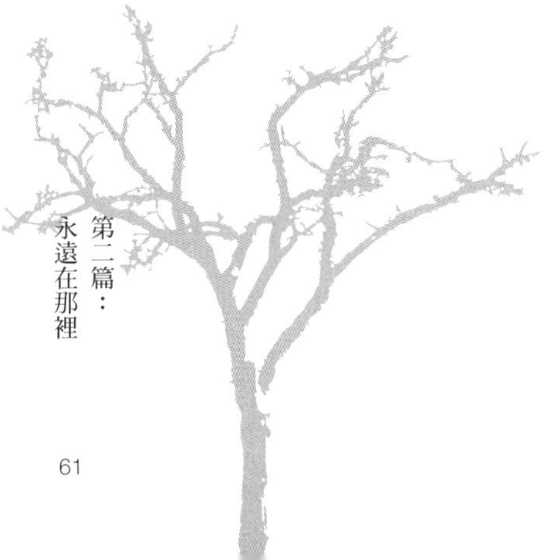

# Morning call

如果妳有一個戀人，不妨找一天試試，讓他早上打電話叫妳起床。

妳可以這樣告訴他：「早上被迫起床是最糟糕的事情，聽到你的聲音，我才不會那麼生氣。」

如果他的起床時間是八點半，那就要他八點十分叫妳起床——當然是妳確實需要早起的前提下。早上的時光，每一分鐘都是金子，每天肯為妳少睡二十分鐘，早早醒來，好言好語地打電話叫妳起床，比他買PRADA、GUGGI給妳更有誠意。

如果他問都不問，一句話答應下來——他一定很喜歡妳。恭喜妳，列為重點對象，好好發展吧。他是一個值得依靠和信賴的男人，他願意照顧妳，為妳做事，妳可以放心地把自己交給他。遇到這樣的戀人，妳真是好運氣。

如果他猶豫了，問能不能八點半叫妳。妳堅持，他終於說ＯＫ——他喜歡妳，只是沒有那麼喜歡妳，願意每天為妳犧牲二十分鐘。或者，他喜歡妳，只是他不是付出型。也有很多人很喜歡對方，但是絕對不會為對方做事的。這樣的戀人，妳做好受苦的準備吧。

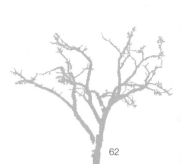

如果他想買一個鬧鐘給妳——他可能不是那麼喜歡妳，或者他是一個很實際又不浪漫的人。一個鬧鐘能解決的事情，幹嘛叫他打電話？遇到這樣的戀人，做好妳的戀愛生活，會像工作一樣的心理準備吧。

如果他問妳的手機的鬧鈴功能——小姐，妳應該笑笑，掛電話，然後……妳知道怎麼做的。

如果他打過來，確定妳起床之後，像例行公事一樣匆匆掛掉，那他的確是當成工作做，你們之間肯定沒有多少熱情。

早上兩個人都半夢半醒，他還能對妳說兩句好聽話，那他是想妳的，你們是甜蜜的。

最後，morning call，其實是一件很私人的事情。他會知道昨晚妳大概什麼時候睡覺，睡在哪裡。

如果不確定是不是想和他這麼親密，自己研究一下手機的鬧鈴功能吧。

# 戀愛沒有假期

兩個素不相識的女人，一個是住在南加州的廣告公司老闆，一個是住在英國鄉下的專欄作家。她們在同一天和男朋友分手，之後兩個人在網路上邂逅，決定交換自己的房子、車子和一切，度過兩週的聖誕假期。

之後，女老闆遇到英俊的單親爸爸，專欄作家則遇到好萊塢的大牌編劇……

一個完美的假期，一定要有羅曼蒂克的故事發生，才叫做完美。

陌生的地方，可以不用顧忌別人的眼光，換上完全不同的裝扮，做一些平常根本不會做的事情。有一陣子，日本年輕女人會在結婚前去歐洲度假，尋找婚前的最後一次浪漫。

「我在度假！」

聽上去多有肆無忌憚、狂歡取樂的氣氛啊。

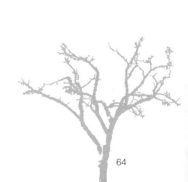

但是，我個人認為，分手之後，千萬不要去別的地方度假。

剛剛分手之後的度假，通常都是浪費金錢和時間——並不是每一個人都能像電影裡的兩個女主角一樣，昨天分手，今天和剛認識的男人共度良宵。大多數剛分手的人，大概什麼心情都沒有，看到多美麗的景色都想痛哭，吃多美味的東西都嚼之無味。

在分手的第二天敞開心扉和新的男生約會，值得學習。

所有浪漫假期的最後，如何處理這段浪漫關係，就變成了最重要的問題。搭飛機離開，回到自己世界的那一刻，那個人，怎麼辦？

多數人都是一走了之，也有極少數的人會坐下來認真討論遠距離戀愛，比如這部電影中的幾位主角。

她們實在很幸運，剛分手就有浪漫假期遇到新的人，而且是兩相情願，重墜愛河。大多數時候，我們分手後去度假，會先在酒店裡哭個死去活來，即使之後鼓起勇氣走出去遇到什麼人，也總會覺得這不是個好的時機，或者後天就走，自以為清醒地搶先離場。

所以，最該學習的是：女主角堅決和昨天告別的態度，以及相信愛情已經發生，正視面對的態度。

我只知道我喜歡你，我只知道我想再見你。

雖然也許我們日後隔著半個地球互相想念，要打電話、要寫郵件，見一次面需要計畫，我還是想說，謝謝你。

謝謝你，讓我又擁有了想念和愛情。

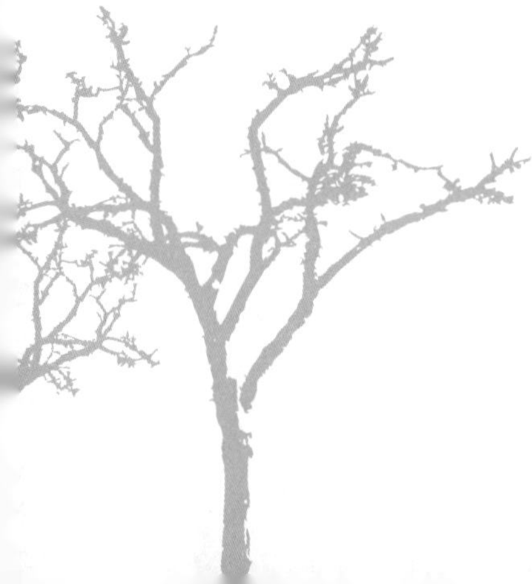

# 永不分離

二十歲的表妹在熱戀中，和她的男朋友幾乎二十四小時在一起。

吃飯，看電視，聊天，發呆，睡覺。

一旦對方脫離視線就覺得心慌，想念的感覺讓整個人忐忑，所以電話和簡訊紛至遝來。

分開。

這個詞多麼讓人傷心惶惑。

永不分離。多麼完美。我們要永不分離。

少年時代都做過這樣的事情，恨不得變成對方身上的什麼東西，可以與他分秒不離。於是電信公司發明了熱線號碼，兩個人只要想到，就可以撥電話講到天荒地老。

成人之後，多數不再毫無保留地相愛。

我們堅決不允許對方看我們的手機和電郵，也不喜歡對方問我們在哪裡、在做什麼。

年少時候的飛蛾撲火，恨不得燃燒自己而發出光芒，往往劇烈而短暫。

愛太濃，於是彼此都受傷窒息。

愛太亮，我們的能量不能讓它持久。

如今，遇到喜歡的人，反而會刻意疏遠。

我總覺得留一些清淡、留一些餘地，情緣才能長久。

離開，不再是個恐怖的字眼，有時候我甚至搶先離開。

怕留下來，事情會超出自己的控制範圍；怕日日對著你，這個甜美幻覺讓我發瘋發呆。

分離，不再是個傷心的字眼。

因為，離開你之後，我還有想念。

而我，終於學會把想念時候的慌張與寂寞、忐忑不安，轉換成另外一種美好平和。

等待是美的。想念是美的。愛一個人是好的。

即使分開，也沒有什麼好傷心的。

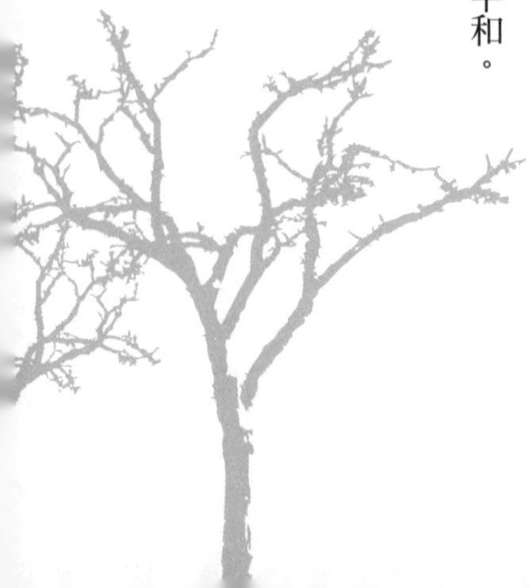

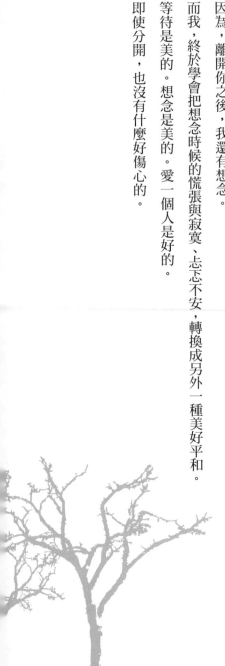

# 我愛你

A先生要和B小姐分手，不是因為B買了三十萬的新表，而是因為她從來沒有說過她愛她。

B也不否認，她說：「我不愛任何人，除了我自己。我也沒有愛過任何人。」

B和我同年同月同日生。我們的起跑線幾乎完全相同。

一樣的日曆，一樣的時間，在我困惑忐忑傷心的日子裡，B小姐，從來不愛，也從來不傷心。

我最喜歡的愛情故事，是三毛和荷西。

她戴著一頂草帽嫁給他，兩個人住在沙漠裡，直到有一天半夜，三毛突然醒來，搖醒荷西，說：「我愛你。」

於是兩個人都在夜裡哭得像個孩子。

三毛的愛很認真，就算只是說出口，所以她在結婚五年後，才第一次說愛。

相較之下，我選擇每天都說一次。

親愛的，「我愛你」，有比較輕鬆的說法。

死黨打來電話，掛斷之前，我會說我愛你。誰說了讓我開心地笑話，我會笑，說我愛你。談話契合，我會說我愛你。下班離開公司以前，我會飛吻同事，說我愛你。

我不是輕率，而是真的愛。

至少那一秒鐘，我是愛你的。

越認真地說「我愛你」，哭出來的機率越大。

喜極而泣，或者無能為力。

不管是輕鬆笑著說，還是無能為力哭著說，和同年同月同日生的B相比，我都很慶幸，我曾經說過那麼多次，愛過那麼多秒。

除了自己，誰也不愛。多恐怖。

也許我不是最體面的，但我一定是比較快樂的。

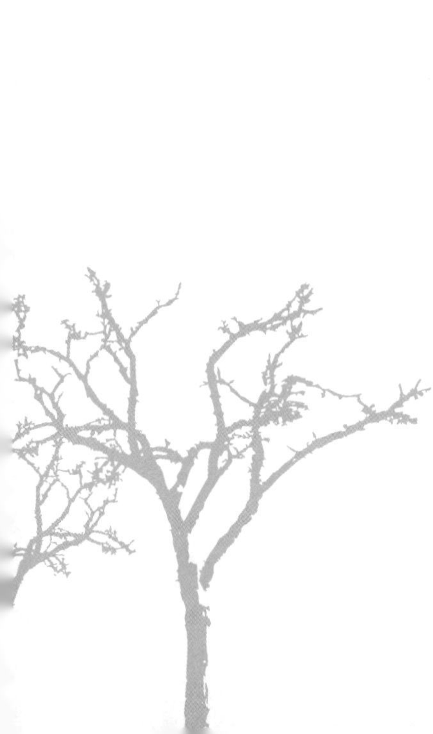

# 可以捨棄的天堂

天使也會犯錯，就只是為了愛，而且明知道對方不愛自己。

原來天使也會犯這樣低級的錯誤。

這下即使我們愛錯了人，也有理由安慰自己了。

天使都會犯錯，何況我們不是天使。

天使愛上了惡魔，而且肯為她出賣靈魂。

他明明知道應該送她去地獄，但他卻願意帶她去天堂，永遠不為渴望痛苦，不為愛煎熬。

電視裡的惡魔笑了，電視外的我也笑了。

不用再為渴望痛苦，不為愛煎熬。

可是，沒有渴望，沒有愛，活著做什麼？

惡魔溫柔地看著她的情人。

我不在乎淪為黑暗的奴隸，我只在乎能不能和你在一起。

沒有妳，天堂又有什麼用？

# 前任們

Ｐ回到了ＬＡ，不時找我聊天，我告訴他我遇到了一個人，他告訴我他曬太陽開飛機帶孩子旅行，然後嚴肅地告訴我：「妳是我家最美的女人。」

原來他把我的照片和另外一些攝影作品放大上牆，所有來看的人都稱讚我。

「妳什麼時候來看妳自己的照片？」他問。

對於以前約會過的人，我總是有一種奇怪的信任感和親近感。他們知道妳是誰，妳可以說妳想說的任何事情。基本上，我是以和前任保持良好關係著名的。

當然，也不是每個結局都是好的，也有一些連朋友也做不了的。

當然，也怪我，怪我不夠好。沒有好到被人騙，還數錢；沒有好到對方不友好，我還要繼續做朋友。

說來也奇怪，我能夠想起來的，都是那些曾經對我好的人，都是那些現在還可以做朋友的人，但凡有一點點不好、不禮貌的人，甚至我以為永遠都不會忘記的電話號碼，居然也都忘得乾淨。

有些人，還留在我的生命中，聽到他開心為他開心，聽到他傷心我就想幫他做些什麼。因為彼此有著旁人不及的信任和了解，因為這個人在我心裡，始終有那麼一個位子。

也有一些人，所有的東西都隨著郵件和電話一起刪除，曾經為他柔腸百轉的心，再次聽到對方的名字也能夠漠然處之，甚至調侃：哦，那個混蛋啊。

一個人對另外一個人好，永遠不會白費。

一個人對另外一個人不好，也不要以為對方是白癡。

出來混，總是要還的。

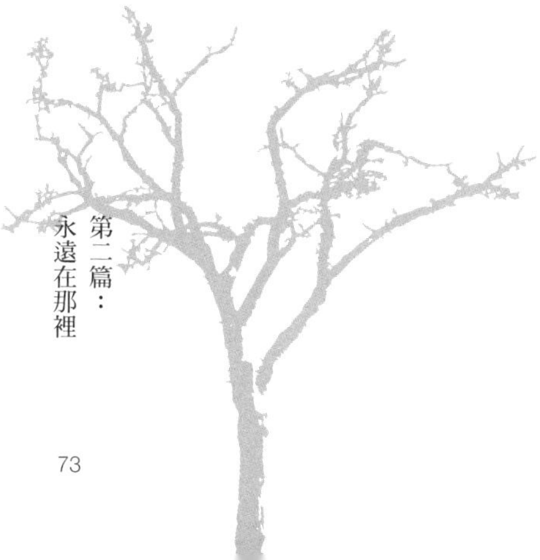

# 好話永遠不嫌多

在公司樓下發現一間可愛的玉米汁店，小小的門面，五六個位子，新鮮的熱玉米汁。我坐下來要了一杯，一邊翻報紙一邊喝。

殷勤的服務生在旁邊問完好不好喝之後，來不及等我回答，他的電話響了。

聽著他嗯嗯啊啊，我抬頭看他。

瘦瘦小小的男孩子，二十出頭的樣子，戴眼鏡，臉上幾顆青春痘，穿黃白相間的玉米格子制服。

看得出來，他很開心。

突然，他捂著嘴，甜蜜而羞澀地低聲說，「不行啦……這裡很多人，我不好意思說……」

店裡面的人都心照不宣地笑，我低下頭也笑了。

對方想聽到什麼呢？

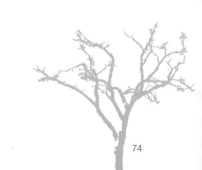

我想妳？我一直在想妳？我愛妳？我會一直愛妳？

戀人之間，說來說去無非就是那麼兩句話。但是我們從不厭倦，說一萬遍也不厭倦，聽一萬遍也不厭倦。

戀愛的時候，兩個人通電話，快要結束的時候，一定會不依不饒，要對方說些甜蜜的話，才肯掛上電話。

再見到你是什麼時候呢？今晚？下週？下個月？

是啊，漫長沒有你的日子，知道你在那裡想我愛我，我才能安心情願地對付世間的種種煩惱，努力學習，努力工作，努力變得更好，就算風大雨大，就算受了委屈。

因為，世界上我最珍惜的那個人，他總是在那裡想我、愛我，和我在一起。

掛上電話之後，今天，明天，以後，即使見不到你、聽不到你，耳邊卻總是能響起那幾句話，一直溫暖，直到再次見到你。

好話永遠不嫌多。

# 永遠在那裡

R小姐紅著眼睛走進KTV包廂，坐下來就擁抱我，說：「我之所以這麼愛妳，就是因為妳一直在這裡。」

這是真的。只要是我認定的人，我就會為了他們一直在這裡——不管是在工作、吃東西、睡覺，在什麼地方旅行。只要他們打給我，說需要我，我就會扔下一切，出現在他們身邊。

朋友有很多種，有些人只是社交應酬，有些人有空才會想起，有些人是真的關心，有些人是利用。我沒有高尚到把自己貢獻給全世界，有一個名單，上面是那些我會願意為了他們永遠在那裡的人。

R，妳真傻。

在妳擁抱我、謝謝我的時候，難道妳忘了，每一次我需要妳的時候，妳也都在那裡？

永遠在那裡。

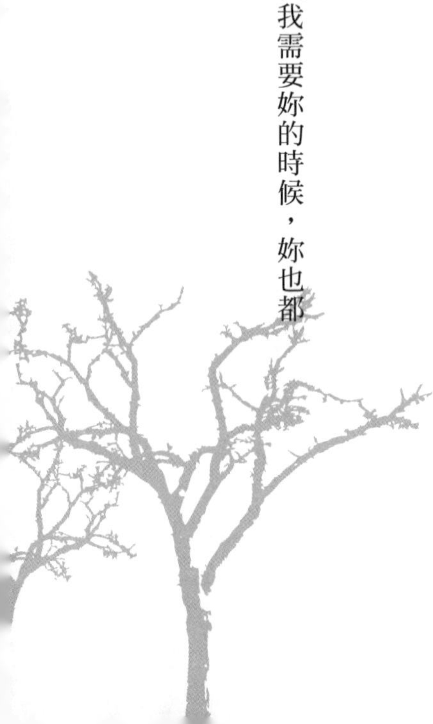

不管是友誼還是愛情，這是我們最低也是最高的要求。

我不要求你變成明日之星，也不要求你給我銀行密碼，我唯一的要求是，永遠不要離開我，永遠在那裡。每通電話你都會接，如果想要一個擁抱，你的手臂永遠在。

願意永遠在我旁邊的人，只要我肯，可以有一萬個；只是，肯和他分享的，只有不多的幾個。

是啊，所有的悲歡喜樂，可愛而瑣碎的生活，我只想和你分享。

這個時候，我唯一想見的，只有你。

因為你是你，因為你永遠在那裡。

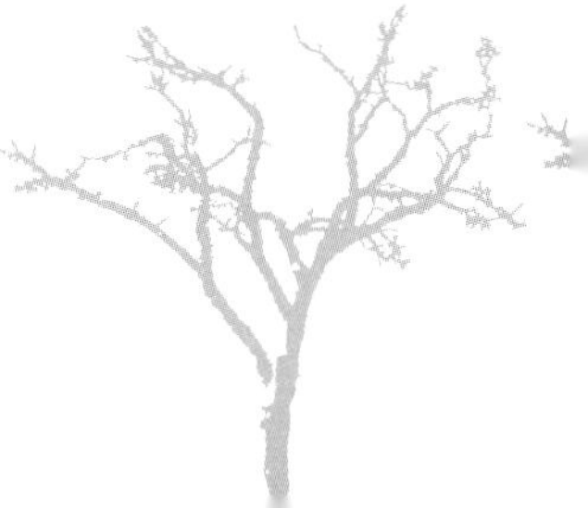

# 偷穿高跟鞋

電影《偷穿高跟鞋》裡，妹妹在姐姐的婚禮上讀了一首詩當作結婚禮物。

我將你放在我的心裡　未曾離棄
不論我身處何處　不論我做了什麼
親愛的　我們如影隨形
我不害怕命運　因為你是我的甜蜜
花花世界並不讓我好奇　有你的生命才有真理和美麗
你讓日月有了意義
儘管這是個沒有人知道的祕密
盤根錯節　天際綿延交際的美麗人生
卻早已卓越昂揚　遠超曾經的想望與謙藏
你彷彿天賜的奇異恩典　賦予漫天星斗與眾不同的晶透光芒
你在我的心底　永遠深藏在心底

婚禮上，這首詩是首選吧。你就是我，我就是你，我們從此再也不分離，我走到哪裡都會帶著你。

我有一顆心，再帶著你的心，哈，所以我有兩顆心。

最初的時候，我們連自己的心都沒有。我們從來不為任何人停留，也不為任何人哭泣，轉身的姿勢，對我們來說是最熟練的。

從哪一天開始，我們不再是那個沒心沒肺獨自旅行的輕狂少年。我們有了一顆心，會想念一個人，會為了他傷心；而且，我們還要找到另一顆心，並且要帶著這顆心，天涯海角，永不分離。

傷心的時候，偶爾我會恨自己，為什麼要有心。

因為有心，所以傷心。

如果可以沒有心就好了。

# 沒有選擇

她帶他去見她媽。

她媽問：「你喜不喜歡我女兒？」

他看著媽媽，想了一下，回答：「我沒有選擇。」

媽媽沒聽懂，站在另外一邊的她和他四目相交，低下頭去。

她明白他在說什麼。

「愛不愛一個人，其實不是我可以決定的。」

他以前曾經這樣說過。

「妳走路不好看、睡覺打呼、廚藝普通、脾氣不好，我卻沒辦法不愛妳。看到妳我開心，離開妳我想念，被妳擁抱就安心，沒有妳的時候，心裡空蕩蕩，彷彿丟了東西。我沒有選擇。愛妳，居然成了唯一的選擇。」

她低下頭，是因為明白他在說什麼，是因為她也沒有選擇。

他很好，照顧無微不至，每天接送上班，晚上相擁而眠。一切都看不出有任何不好。除了她自己知道，她不愛他。

她知道他有多好，也知道不應該放棄這個好對象，於是她帶他見家人，討論訂婚結婚。

但是她不愛他。

愛一個人，不愛一個人。
有些時候，不是我們可以決定的。

我想不愛你，可是我做不到。
我想愛你，可是我做不到。
如果可以選擇，事情應該會容易一些吧？

# 讓步

是什麼原因，讓我們曾經永不讓步？

別說道歉了，有的時候，連別人的道歉都不肯接受，低頭、沉默、倔強地轉頭就走。

對不起，我有我的原則，我有我的價值觀。

對不起，我很清楚我喜歡什麼、不喜歡什麼。

對不起，我不想講話。

對不起，我先走了。

句句以對不起開頭，實際上次次不讓步。

寧願一天兩天三天數著日子過，午夜流出淚水，索性跑到雨中混成一片。殘忍，對自己、對別人，不辭而別，把一切聯繫割斷。

這一步，不肯讓。

又是什麼原因，我們居然讓步了？

提心吊膽，恨不得問對方：「你會不會覺得我太沒有原則？」
失望之後，立刻又自我安慰：「算了，下次他這麼講話，我走開就好了。」
自我檢討：「他愛做什麼就做什麼，當他是透明人就好了。」
甚至充滿希望：「現在他知道這件事情對我很重要了。」
我們變得溫和、變得善於原諒和自我檢討，不管是不是淚流滿面，聽到對方的聲音隨即讓步；氣到衝進浴室，出來後卻自己過去擁抱他。
我愛你。我們不要互相傷害。
曾經的驕傲絕然，曾經習慣的轉身就走，全部消失不見。
留在那裡，不管是不是委屈帶淚，或者無可奈何，或者破涕為笑。
少年阿修羅終於變成沒有魔力的好女人。
不是因為愛，而是因為終於懂了如何愛。
因為懂得如何愛，所以慈悲。
因為懂得如何愛，所以容忍。
因為懂得如何愛，所以委屈。
因為懂得如何愛，所以不再以愛做武器傷害對方一點點。因為那不是愛。

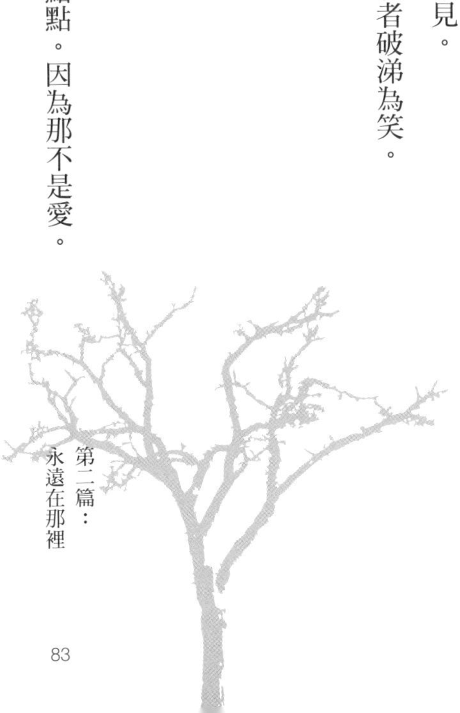

我愛你，我很愛你，我很愛很愛你，我超級愛你，說起來多麼容易。

對方總是做妳不喜歡的事情，從來不讓步，對妳說絕情的話。

原諒他吧，他不是不愛妳，只是不知道怎麼愛一個人。

原諒他吧，對方是個可憐的人，因為不懂愛，最終會失去愛。

如果他不做任何妳討厭的事情，避免任何傷害妳的機會和詞彙，不讓妳做任何妳不喜歡的事情，甚至明明是妳錯，對方也讓步。

天，妳運氣真好，可以遇到這樣的人。

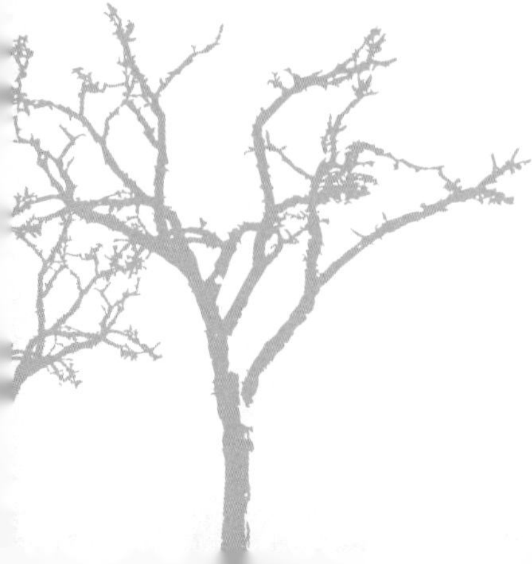

# 我正在想你

不管你相不相信心靈感應，奇妙的事情常常發生在我身上。

我想到誰的時候，電話就響了；或者我打給誰，對方說正想到我。於是兩個人都隔著電話驚喜，一次兩次三次，無法解釋，只好稱之為思念之力。

想起他，就可以聯絡他。妳真幸運。

很多時候，突然想到一個人，或許是因為妳正在你們曾經去過的餐廳，或許是因為看到之前看過的背影，或許是因為一張卡片，或許什麼原因都沒有，只是無緣無故地想起。

卻無法讓對方知道正在思念。

一些人已經消失太久，妳甚至連對方的電話號碼都沒了。共同的朋友，曾經的一切，都已經逝去，除了回憶，什麼都沒有。

該怎麼向對方陳述妳的思念？

某些人，聯繫方式還是找得到的。但是，已經過了那麼久，彼此都到了新的階段，打電話過去，又能說什麼呢？兩個人都尷尬，沉默不語，或者不痛不癢地聊些家常？

也許對方也在想妳，說不定就在妳想他的那一剎那。

但，還是不要打擾得來不易的安靜了，自己在心裡懷念幾秒鐘就算了吧。

如果妳想到什麼人，並且可以告訴他正在想他，那麼幸運的妳，快點去打電話吧。

也許什麼時候，妳的思念就再也沒有陳述的對象了。

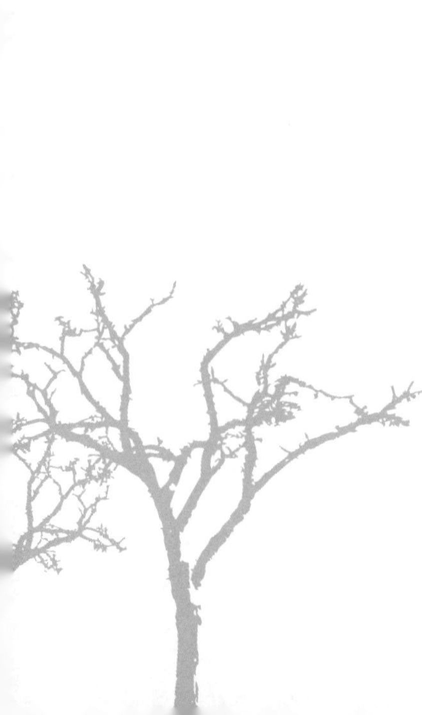

# 戰衣

約會時的衣著，香港人稱為「戰衣」，八卦小報常常配圖一張，曰：某女在採購，全力備戰中。

彷彿男人是城池一座，女人全副武裝，攻城掠地。

多年拚殺下來，個個女人揚長避短，舉重若輕，變成戰將。低胸搶眼，短裙博彩，波西米亞飄逸，套裝典雅。

商場廣闊，設計師眾多，妳完全可以擁有妳想要的任何樣子，內在不重要，至少表相，妳完全可以成為妳想成為的人。

有一陣子我迷戀穿衣打扮，今日龐克、明日性感，喜歡的，一式四色全部買齊，鞋子必然和手袋呼應，耳環的顏色、材質細細考究。

如今滿屋禮服超過百件，我真心喜歡的，卻只有三件。

第一件是白色公主裙，吊帶低胸下襬荷葉六層擺開，配白色鞋子，珍珠項鍊耳環，大學一年級穿了和他約會。我住在郊區，去坐捷運，有一段頗為擁擠，突然上來一群人。我有點擔心，這群人卻努力站成一圈，再怎麼擁擠也和我保持幾公分的距離，大概是怕擠壞我的造型。我彷彿小鹿斑比，年輕透明，散發不可思議的美和光，被眾人精心保護——等會兒要見的那個人，怎麼可以不愛我？

第二件是大紅搶眼裝。低胸露全背的雪紡紗短裙，對身材要求極高，不能穿bra，腳踩七公分的紅色高跟鞋，再配上深紅色珊瑚項鍊和同色亮皮ＬＶ手袋，走去哪裡，不回頭的男人一定是瞎子。我自信有氣勢，見到他卻無端緊張，空氣涼爽宜人，對方卻笑著問：「妳後背出好多汗啊。」

第三件是黑底緊身連衣小花裙。不是名牌，也忘了從哪裡買來，唯一的好處是百搭，罩上任何外套都安全體面，脫去外套之後也有三分性感。我把它扔在公司，準備應付各種意外飯局，去任何場合見任何人，都不會出問題。這身工作裝，讓我認識了很多生命中重要的人，可愛卻不搶眼的好處是安全信賴，很多人會和我認真講話。

其它衣櫃裡的衣服，漂亮華麗，卻無關痛癢。

地方、物品、食物，原本都沒有任何意義，突然變得重要，多數是因為關聯著重要的人或事。

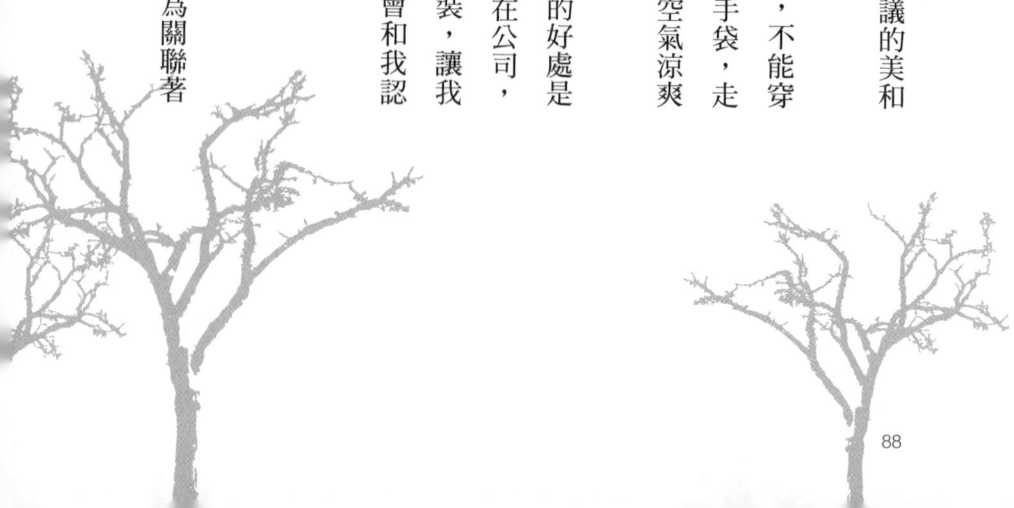

巴黎郊區的二手市場，經常會看到一些美麗的衣物飾品。一八六〇年，誇張的白色 Dior 紗帽，老款的 Angel 黑色禮服，沒有來歷的鑲金耳環，穿戴這些東西，頓時讓我覺得被保佑、祝福，不禁想著：多年之前，有個和我同樣穿著的女子，歡喜雀躍，把愛情當成生命中最重要的一場戰爭，希望贏得對方認真的一個吻、溫柔的一顆心。

白色公主裙掛在衣櫃裡，看起來彷彿新衣。

昔日的透明容顏和無辜心思，再怎麼盡力保護，也一日日的改變。

請記得我現在的樣子。

請記得我曾這麼愛你。

從此之後，如果發生任何不好的事情，請記得我此時的樣子。

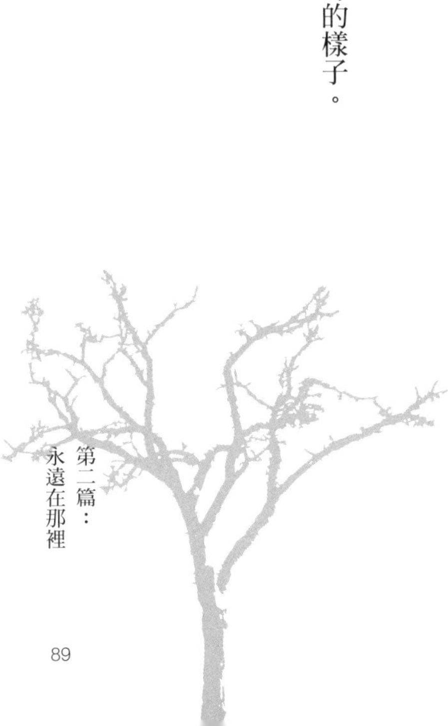

# 手工製造

「我的生日，當然要和妳一起過。」

他推掉一堆節目，飛來她的城市。

剛過零點簡訊就開始響，一二三四五六七，最巧的那個在零點零分零二秒發來，鐵了心要做第一個祝賀的。

想著那些心有好感的暗戀者，他猶豫要不要回簡訊道謝，最後決定先請示。

她說：「公平就好，以後誰對我有好感，簡訊電話，我也就可以回就好。」

他當即放下電話。

喜歡與否，天差地別。

單戀的人注定卑微傷心；對方不愛妳，怎麼也沒有用。一顆忐忑的心，找最特別的日子，倒數整個晚上，只為了發那通簡訊，終究比不過對方心愛的人皺一點點眉頭。

他講笑話給她聽：「我朋友說，很多女人像法拉利，想開的人買不起，買得起的人不想開——而且，買的起法拉利的人，車庫都不止一台法拉利。」

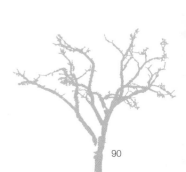

她隨口回答，「那我就是仿 mini cooper 的 March，本土製造，造型可愛，價錢便宜。不過……」她笑了笑：「開去哪，誰來開，我說了算。」

他張開雙臂緊緊擁抱她，認真補充，「妳是全手工打造的跑車。」

喜歡與否，天差地別。

被愛的人不用道歉，無理取鬧也可愛，菜炒糊了他更感動，妳不漂亮不細心，亂丟東西常常惹禍都沒有關係，對他來說，妳是手工打造，世上唯一。

真心疼妳，妳不用囑咐他要想妳，不用追問行程，不用提醒他重要日期和禮物，更不用妳去研究探討你們的未來，他都已經想好了。

他要妳，會千里迢迢飛來找妳。

他不要妳，妳搬去他家樓下都是枉然。

真心疼妳的，妳不用二十四小時在他面前完美無瑕，妳不是名牌，他都會幫妳貼手工打造的特別標籤。萬一妳可愛漂亮聰明，輕輕的一個吻，他就像得到了全世界。

如果妳經常幽怨忐忑地問他在哪裡，下次什麼時候見面，想不想妳……

聰明的妳，應該知道怎麼選擇了。

呃，兩種例外情況：

一，消遣調情，無關痛癢。

二，他肯定想妳，偶爾可以搶先說一次，讓他笑一笑唄。

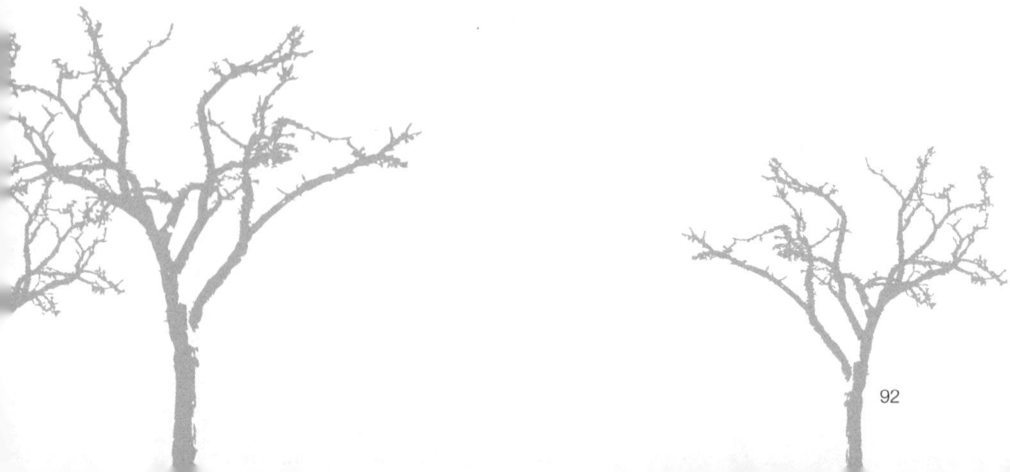

# 從 Jimmy choo 到 Prada

Jimmy Choo 的限量版入駐 HM，十三日到貨，十四日一早門口就開始排隊，到了下午，好東西賣光光。

當然，六百美金起跳的 JimmyChoo，Chanel 的設計師，扔進 HM 就變成了一千港幣，一條皮衣皮裙一千多，難怪那麼多人早早排隊。

廣告我倒是看見了，鞋子，一黑一白。

我現在穿鞋最主要的目的是每天走路回家，已經很久沒穿漂亮的高跟鞋，於是 Jimmy Choo 被我扔到世界的另一角去了。

後來，朋友找我，尖叫：「那天妳沒去搶購？天啊！妳怎麼會沒去？」

我終於忍不住上網看了一下照片。

照舊的黑色背景，高跟鞋尖尖，裸露的長長大腿，蓬鬆的長髮，手臂上五六個寬大水鑽鐲，黑白豹紋手袋，模特兒半張側臉，眼神遠望。

真漂亮啊……真漂亮啊……

看了半天，我又感嘆又驚訝又讚嘆又沮喪地關上了電腦。

價錢是不貴，最貴的頂多三百美金出頭。我也不是沒本錢穿，有適當的燈光化妝，我也敢去拍它的ＤＭ。問題只有一個：什麼時候穿？

上班不用，下班也不用，這種衣服不能穿去見家長，約會已經進展到去菜市場買菜的地步。男主角深信愛就是生活，就是煮飯收拾房間，看見桌上的紅燒魚和炒空心菜就會露齒微笑，穿成模特兒出場，他還要擔心冷不冷、好不好走，即使出門吃飯，多數時候都是去喝湯、烤鴨或河粉，一副夜宴裝扮，非常奇怪。

所以全球經濟，奢侈品、時裝這部分，單身女郎永遠是最大的推動力。

所謂的愛美天性，從來都是被這種美則美矣，卻非常不實用的東西打動。

前陣子逛街的時候，看見一個 Prada 的晚裝手袋，我看著上面的小蝴蝶結，全身喜悅舒暢。旁邊的男人興致勃勃地在研究 vela bag，又大又輕又防水又可以當旅行包又可以當腰包。我想買的東西明明比他想買的東西便宜三倍，卻得到浪費錢的三字評語。

是啊，什麼時候用呢？一年可以用兩次嗎？我呆呆地看了幾秒，終於轉身走開，如同看 Jimmy choo 的廣告，讚嘆一番，嘴唇上翹，若有所思，關掉。

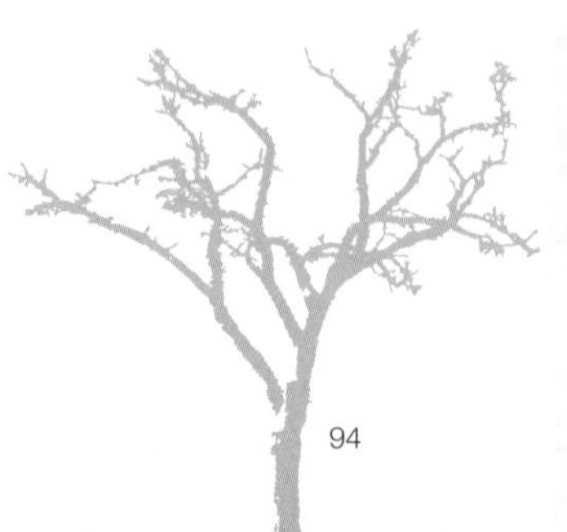

最後買的自然是那個紅色尼龍 vela bag，又可以當書包、又可以當公事包、又可以是旅遊包、又可以當化妝包，材料是防水尼龍，還可以當雨傘，用處多多。

漂亮搶眼與用處多多的ＰＫ，在內心最深處的一點點輕嘆和悵然之後，用處多多勝利了。

只是，一點點迷戀，一點點讚嘆，一點點悵然，怎麼樣也讓我維持一秒鐘，不，兩秒鐘吧。

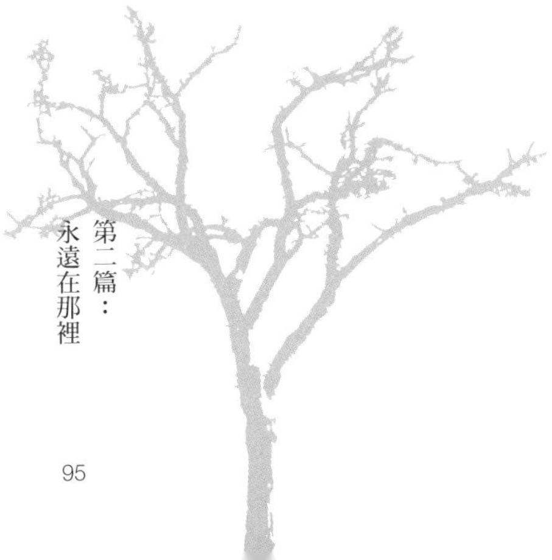

# 寶貝

「小時候，我有一個祕密小木箱。」她說：「原本是老式木頭家具的褐紅色，像是阿媽的陪嫁品。後來家裡裝修，被工人一起漆成流行的象牙白。我掛了一把鎖在上面，專門用來放情書，鎖著十六歲以前，收到的所有甜言蜜語……」

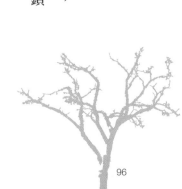

長大之後，戀人之間，沒有了可以長久保存的信件，於是自己做個小木盒，固執地寫與記。

背影遠去，溫度消逝，甚至回憶中，面孔已經模糊，偏偏那些甜蜜彷彿糖果店一樣，偶然回想，總是讓人嘴唇上翹，連呼吸都變得溫柔。

理智地說，甜言蜜語，最好左耳進、右耳出。但現在沒有戰爭，不會有突然飛來的子彈，對方會不會飛撲擋在妳身前，妳一輩子也不會知道。

於是還是得說甜言蜜語。想起來，笑一秒，也好。

你記了也沒有關係。我記得就好。

他發來郵件，反反覆覆問她好不好，最後一句是：「我想，我再也不會這樣愛別人了。」

她第一次見他的時候，心下沒有任何期許。隔天，聽到語音信箱裡有通留言。前三秒一片空白，她皺起眉頭繼續聽，對方的聲音突然青澀可愛地出現。

「突然不知道說什麼。打給妳，只是想告訴妳，我很想妳。」

之後某次早起，他在隱約的晨光下看她，說：「真奇怪，一般人早上都睡眼惺忪、蓬頭垢面，為什麼妳還是這麼好看？」想了想，他又補充：「如果有睡衣選美，妳一定可以拿選美皇后。」

他們不是戀人，他卻默默守護，一直在她需要的時候第一時間回應。

「認識妳之後，我總是覺得很累。」某一天，他突然嘆氣：「以前總覺得自己是單身漢，工作像玩樂，玩樂像工作。認識妳之後，我覺得自己應該安定下來籌畫未來，於是工作開始像工作，玩樂……幾乎沒有。每天都想著投資，每天都看財經股票，專業書籍。做夢都是這樣。」

她天真浪漫，從不深思熟慮，無論工作人生，想做什麼就做什麼，更別說投資理財。他最初半信半疑，日子久了，發現真的是這樣，他也沒有逼她買股票、學投資統籌人生，只是笑笑，「我從小到大做的都是該做的事情，沒做過想做的事情。也好，妳替我做吧。」

他不喝酒，又怕吵，她偏偏喜歡熱鬧開心，總是懷念學生時代的天真無憂，早上起床開香檳當牛奶喝。某天，他突然打給她，「找到兩瓶好香檳，總計六瓶。以後讓妳過妳的老日子，早上起床，妳喝香檳，我喝牛奶。」

有一次，他認真總結他的人生。

「我的日子其實非常簡單無聊。努力工作投資是為了未來無憂，每天健身是為了身體健康。我的生活中，似乎沒有一樣事情是我喜歡的，都是我需要的——除了妳之外。」

這些珍珠時刻，她一概寫下來，扔進象牙白的小木盒。

後來他們分了。雖然很愛。

白天，她有無數瑣碎事情要應付，夜深人靜，小木盒會出來曬曬月亮，順便用來支持傷心和低潮。

被人詆毀也不傷，跌入泥潭不自棄，我自有我的小小木盒小天地。

人注定要遲鈍衰老，於是她更加拚命蒐集，日後寂寞衰敗也不遺憾。

你忘了也沒有關係。

我記得就好。

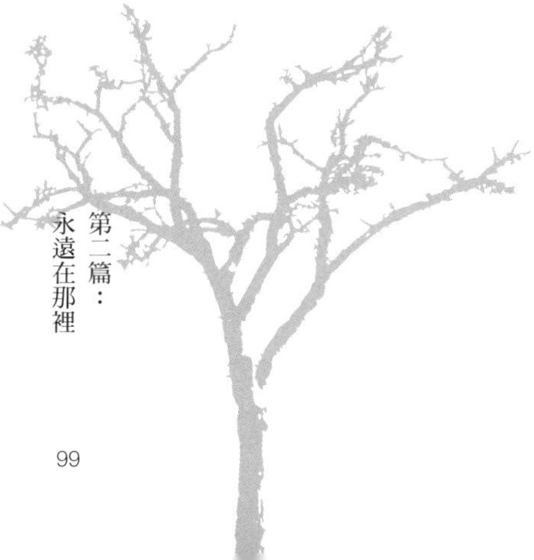

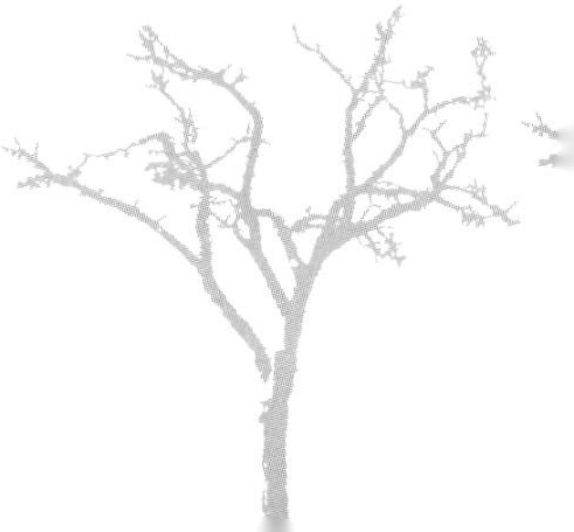

# 抱

兩個女人聊男人最性感的部分，異口同聲決定是手臂。

「某次約會的時候，他挽起袖子夾菜，我就覺得好喜歡。」A說。

B在空中做了一個抓的姿勢：「我不喜歡和男人牽手，我喜歡抓他的手臂，我要的男人，一定要有一點點肌肉，可以讓我抓。」

手臂的最大作用，大概是用來擁抱。

怎麼可以不做愛呢？怎麼可以不擁抱呢？

男女之間最直覺最原始的紐帶，拋開了年齡、職業、家庭背景、客套禮貌，各種形式的互相表明，不得已的結婚需要。

妳願意和他擁吻嗎？妳願意和他做愛嗎？

說最多的一個字，大概不是愛，而是抱。

無時無地，都會對妳伸出雙臂，懶洋洋的、嬰兒表情的：「抱。」

什麼都不用做，抱著我就好。

熱戀時，睡覺要四肢糾纏如同八爪章魚，換著姿勢尋找最合適的入眠方式。

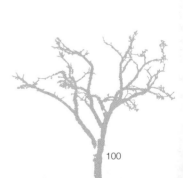

醒來光天化日之下，也要貼著挨著做連體嬰，去餐廳一定要排排坐。

某科幻小說中，有一種能在夢中心想事成的機器，某癡女怨女在夢中遇到心愛的人，不停地說，「抱我，抱我，抱緊些，抱緊些……」

結果她活生生被勒死在夢中。不過心甘情願。

關上書，我彷彿依舊聽得到她渴望需求連綿不絕的聲音。

抱我……抱我……

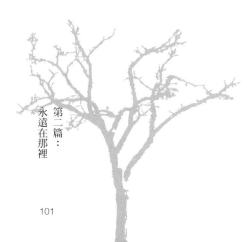

# 早知道這樣

因為充電器放在公司，她翻出以前的手機臨時用一晚，翻到簡訊，進去一條條地看，又驚又嘆，又微笑又遺憾。

幾乎所有的簡訊都是以寶貝開頭，以愛結尾。

有著世間最貼心的問候：「我要妳的每個角落都充滿我的照顧。」

他出差會帶電腦，是為了和她聊天。在外地半夜出去買很多當地的電話卡，一直講話到午夜。

「妳是我的專屬天使。」他說，「我保證我永遠不會傷害妳。妳只會收到滿滿的愛。」

他說，他說，他說。

很多很多簡訊，總共應該有六七千字吧。

如今幾乎已經沒有簡訊了。

她發十條，他回一條。

同樣是出差，電話沒有了，週日晚上告訴她，週五週六太累了，一回家就睡著了。

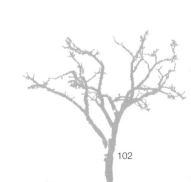

曾經擔心地問她生不生氣、耐心地哄她兩個小時，如今她忍著過去擁抱認錯，他卻把她推到旁邊：「別碰我！」

作為婚姻家庭諮商師，昨天的課本是《毀滅婚姻的十八件事情》。

作者聰明得沒有講道理，全部採用案例。一件事情，是由男女兩方站出來陳述。我驚訝地發現，同一件事情，在兩方的陳述中，有著完全不同的版本。

十八件事情的第一件是：「早知道這樣就不結婚了。」

案例中，女生投訴對方不再愛她，不像以前那麼關心她：「不愛我的人，要來做什麼？」

男生投訴對方控制自己的生活，什麼事情都要報告：「工作已經很累了，回來還要哄妳，我還要不要活啊？」

我不由得想起當年半夜的哭訴：「你不像以前那麼愛我了。」

對方理直氣壯，「以前的事情何必去想？做人要往前看。我當時也不知道妳……」此處省略幾百字埋怨。

據說，男生剛開始追求女生的時候，會處於異常狀態。除非妳運氣非常好，遇到一個EQ很高的人，他會在關係穩定之後，繼續像之前一樣無微不至地關心妳的感受。一般男人都是一切進入正軌之後，就恢復正常，該幹什麼幹什麼去，如果前期愛得越熱烈，進入穩定期之後的反差越大。

爬得越高，摔得越重。

進入穩定期之後，很多女生都會幽怨絕望，說他不像以前那麼愛了，甚至說他不愛了。甜言蜜語不見了，我做了什麼他都看不見，開始罵我，開始擺臉色。

這不是我要的那個人！

好，除了對方開始展現本性之外，想想妳最近做了什麼。

最初的時候，妳甜蜜、妳快樂，現在，妳知道妳的眉頭是皺的。

不管是誰的錯，何必卡在那裡，執著於不開心？

在發現最初的一個小謊言之後，在爭吵時的無聊氣話之後，妳現在多疑固執，一切都變成惡性循環。

生氣，是拿別人的錯誤懲罰自己。生氣的時候，去找一些讓妳快樂的事情吧，不管怎麼樣，自己先快樂起來再說。

同時，去看看好的方面。

這麼困難的事情都被妳遇到了，這麼兇惡的話都對妳講過了，以後還能有什麼更糟糕的事情？

對方努力上進，買了很多書自我進修——他一定是認定了妳，才會安心努力上進；為了妳，讓自己變得更好。

他剛認識妳的時候，情緒不穩定，白天不吃飯晚上去喝酒；現在三餐正常，喝酒也少，健康向上。不管這份感情走到哪裡，妳的出現，一定是有積極正面意義的。妳是好的。

最初的想念和愛，都是晴空中的美麗氣球，漂亮絢爛，不像真的。

當初為什麼愛？沒有道理，如今終於可以腳踏實地去愛了。

我並不知道我愛你，直到你那麼兇我還沒有走。

我並不知道我愛你，直到面對一堆麻煩還想吻你。

我並不知道我愛你，直到我發現我居然無視自己的委屈去擁抱你。

我並不知道我愛你，直到我發現不管你忘記甜言蜜語或是說無聊氣話，我還想著要做什麼讓你快樂。

恭喜，終於學會了愛的付出。

至於「早知道這樣」……

早知道這樣，我還是會選擇和你在一起。

謝謝你曾經那麼愛我，謝謝你曾經給我那麼多愛和讚美，謝謝你曾經讓我那麼快樂。

不是每個人都那麼幸運，得到過那麼多的愛。

不要為了已經失去的而沮喪。

為了曾經以及現在擁有的而微笑吧。

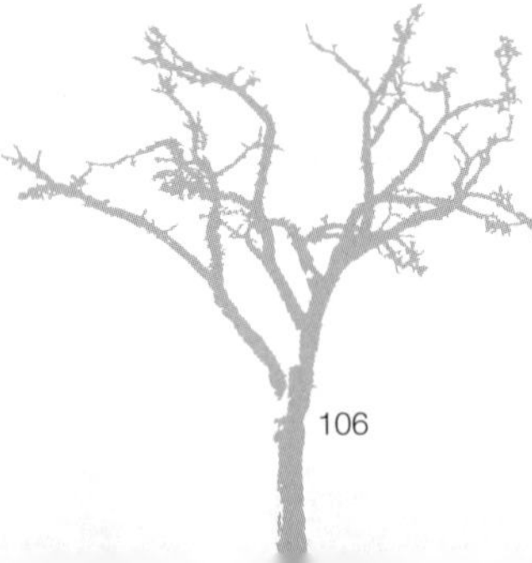

# 第三篇 眼淚

傷害和壞事，從來不會讓我哭。
每一次的眼淚，
都是因為愛或者其他美好的事情。
如果我當著你的面流淚，
一定不是因為你傷害了我，
而是因為我愛你。

或者，
我知道你愛我。

# 你是誰？

《蜘蛛人》第三集，彼得被猛毒入侵，在酒吧裡把ＭＪ推倒在地。ＭＪ躺在地上，抬頭看他，安靜了彷彿一個世紀那麼久之後，她並沒有罵他是個混蛋，只是不可置信地看著他，說：「你是誰？」

你是誰？

是你嗎？

我不認識你了。

那個對我傻笑的人去哪裡了？

那個抱著我說永遠不放手的人去哪裡了？

那個像孩子一樣跟我撒嬌的人去哪裡了？

一瞬間，妳發現，不知道什麼時候，曾經的戀人已經變成了另外一個人。冷漠的臉孔，驕傲的表情，傷人的詞語，甚至會把妳推倒，就算妳痛哭也不攙扶。

這個時候，妳不生氣，不心碎，只是躺在地上，驚訝地，不可思議地抬起頭，問出了經典句。

「你是誰？」

## 相由心生

他第一次去她家，走的時候，從書架上拿走了一個相框：「這個我要帶回去放在我家。」後來她去他家，果然看見自己的照片明眸皓齒被放在桌上。

如同所有故事一樣，開始總是很甜蜜，接下來總是會吵架。

好好壞壞過了一陣子，某天，他說，「今天我看妳的照片，覺得那是另外一個女人。那個女人和我面前的這個女人是兩個人。那個女生笑容甜美，而妳總是臭著一張臉。」

她沒有回答。

是，那個時候的我，還沒有任何人讓我這樣哭過，還沒有人對我這麼兇過，還沒有人這麼挑剔我過，還沒有人讓我這樣傷心失望過。

照片上的她，大學剛畢業，天真浪漫，無所畏懼，開心就笑，生氣就哭，最久也不會超過十分鐘，什麼大事情都不當一回事。那時候，她是小公主，被所有人捧在手心噓寒問暖。

五年之後，夢幻與輕狂逐漸消失，她不再是那個穿著高跟鞋踩著別人心的阿修羅，伶俐調皮的臉逐漸變得凝重隱忍。用來跳舞的水晶高跟鞋扔在一邊，她開始煮飯、剪頭髮、被戀人指責、徹夜大哭，卻不能再像小時候那樣一走了之，或者辯解回罵。於是又被標上「固執」、「兇悍」、「好強」的新標籤。

現代修圖科技進步，加上適當的化妝，誰都可以拍出漂亮照片，無非是快門的那一剎那，擺出招牌式微笑就好。

可是，相由心生，滿心的隱忍委屈，如何化解？

常常嘆氣，很少笑，疑心很重。她自己也知道的。

童話裡的公主，皮膚是銀子，頭髮是烏檀木，笑起來是鑽石，眼淚是珍珠，每次開口都會吐出一朵玫瑰花。

後來不知道為什麼，變成了她好吃懶做的姐姐，皮膚是柏油，頭髮是稻草，永遠不會笑，張嘴就跳出一隻癩蛤蟆。

# 一無是處

「妳不會把地上的頭髮撿乾淨嗎？」

「妳難道沒有買衛生紙的基本習慣嗎？」

「煮飯就煮飯，為什麼把廚房弄得那麼髒？」

「妳能不能安分點？以後每天晚上七點之後不准出門！」

「為什麼妳那麼卑鄙惡毒，偷窺我的隱私？」

「妳對別人有什麼貢獻？妳的人生毫無意義！」

「做什麼慈善時尚秀？妳們就是愛慕虛榮！」

「妳憑什麼覺得自己是公主，要讓別人照顧妳？」

「我的錢不是錢嗎？第一次約會我花了不少錢，妳就把我當凱子是嗎？」

男人當面罵還不夠，更打電話昭告所有共同的朋友，詢問要不要甩了她。

「生活習慣太差！她忘記蓋上奇異筆，結果新包包被畫得亂七八糟！」

「從來沒有看過女生長香港腳！真不知道她怎麼長大的！」

「在家裡整天喝紅酒！酒鬼！」

「她的外國朋友當著我的面抱她！一定有問題！」

在認真思考之後，男人告訴她，「我想來想去，妳只有一個優點，就是會做飯。剩下的，什麼好看有趣，或許別人覺得是優點，我都不需要！」

她一向覺得自己漂亮有趣，善良可愛，樂觀上進，感情專一，事業穩定，會唱歌會跳舞會逗人笑，愛家人愛朋友。雖然不算非常上進，但每年都有小目標。雖然會做錯事會長香港腳，但倘若完美女人是一百分，她反覆考慮也敢幫自己打個九十分。

偏偏在他那裡，她什麼都不是。

一生之中，人人喜歡她，從來沒有被人罵，所有前男友都會在她的生日寄來郵件卡片，偏偏到了他這裡，她的整個人生都變得毫無意義，只好夜夜寒心看窗外：天怎麼還不亮？

《羅丹薩的夜晚》中，失去戀人的母親對女兒說，「我希望妳知道，一生之中，妳都會有機會擁有那種愛——那種愛，會讓妳充滿希望和信心，覺得自己可以面對人生中所有的困難和低谷。妳會覺得妳被愛，妳很好，妳會實現妳的夢想。」

看到這段，她淚流不止。

# 請對我說謊

女人總會遇到一些說謊的男人。

女人不能太笨，也不能太聰明。

太笨，會被騙得死去活來，到最後明白怎麼回事的時候，真是會恨死的。

太聰明，所有事情都看得一清二楚，他該和妳說什麼？

每一代有每一代的愛情。

瓊瑤的故事裡，女主角被騙之後傷透了心卻還愛著對方，一定要成全這場愛。到了現代，這樣的女人一定不是女主角——至少不是我的女主角。

被騙之後，只會不動聲色。

告訴別人妳被騙了，不是很光榮的事情。即使落淚，也是回去自己的房間，承擔自己一個人的疾風暴雨。至於傷後殉情，我是死也不會去寫的。

遇到撒謊的男人，多數時候，我們是很聰明的，我們甚至可以控制進度，微笑地聽對方撒謊，雖然有點小恐怖，表面上也還算甜蜜。

為了這場戲演下去，我們不會點破他，就算漏洞百出。但是對手的演技實在太爛，我們不能投入，想來也情有可原。

選擇做個笨女人，情願被騙，看不見聽不見不會說。

她真心地對待你的每個擁抱和每個吻，自動無視你破綻百出的謊言。

在真相被掀開之前，她和你在一起的每一分鐘，至少看上去是真的百分之百甜蜜。

你以為她不知道你撒謊嗎？

她什麼都知道。

即使最後心碎，也是她自己選的。

女人被騙，不是男人騙術高明，只是她想要被騙而已。

# 同一個自己

「妳聰明又漂亮，不知道誰有這個福氣，可以做妳男朋友？」男A說。

「妳霸道任性又喜歡招蜂引蝶，做妳男朋友很辛苦。」男B說。

明明是同一個自己，為什麼在不同的男人眼中，差別這樣的大？

「今天很開心可以和妳吃飯，對了，妳穿紅色真好看。」男A說。

「吃完飯我想和我朋友出去，另外，下次別穿低胸的衣服。」男B說。

明明是同樣的自己穿同一件衣服，為什麼得到完全不同的答案？

更不明白的是，其實男A只是普通朋友，男B才是喜歡的那個人，而我們對B比對A好一百倍。

為什麼，我們對他好的那個男人，總是覺得我們不好？

為什麼，我們喜歡的，偏偏是覺得我們不好的男人？

或許，妳喜歡的男人，自覺勝券在握，以為可以登堂入室分享妳的美好。他不再驚訝妳的美麗聰明天分精湛廚藝溫柔胸懷，因為這些都是他已經握在手心裡的。

他開始留意別的東西，他開始抱怨妳偶爾的任性，開始說妳衣服買太多或者家務做得不好。因為，他知道即使說了讓妳不開心的話，忘記回妳的電話，或者做錯事讓妳傷心，妳也不會離開他。

當我們知道對方不會離開的時候，我們就會習以為常地享受對方給予的一切而忘記致謝。

反而是普通朋友，更能看見妳的美好，也會給妳更多的尊重愛護和謝謝。

人為什麼總是不珍惜自己擁有的東西？

這就是為什麼，到了最後，我們總是和喜歡的人分手，選擇了一個更愛我們的人。

雖然我愛你，但愛不是自尋煩惱。

你，一定要到我決定離開的時候，才看到我的好嗎？

## 超完美嬌妻

看到一則交友網站的廣告：亞洲女性苗條，美麗，溫順，事事以丈夫為第一位，愛做家務，照顧孩子和家庭，忠誠，從一而終，結婚不願意離婚，甚至可以原諒丈夫出軌。

我又好氣又好笑。

這些就是女人最大的美德，以及男人心中的理想妻子？而且中西通吃。

我曾對戀人說過一句話，沮喪地，絕望地說：「你要的不是我，你要的是一個廚娘、保母、老媽子兼做愛生孩子機器。」

最可笑的是，我有個朋友，完全符合好妻子標準，某日我說：「你覺得她比較好，對不對？」

戀人深思一秒，認真回答：「是，她不出門，又很乖，煮飯好吃，應該是她比較好。」

這一剎那，我發現我自認的大優點：有趣、聰明、受過良好教育、才華、幽默、個性，統統比不過待在家裡做家事。巨大的崩潰感，實在難以用語言描述。

為了給對方更多的愛，為了做對方眼中更好的自己，為了維護這段感情，我切斷一切社會關係，待在家裡不出去，每天研究食譜以及學習燙衣服。

於是，我更像一個合格的戀人。

曾經有人提議：家庭主婦應該拿薪水。

如果家庭主婦是一份職業，大概是世界上最無聊、慣性比最不合理的職業。青春與趣愛好社交朋友統統放棄，十年如一日，工作重複沒有趣味——有哪個女人真的喜歡反覆擦地板煮飯洗碗？無升遷管道，無加薪機會，更別說有些男人甚至連家用都不給。

上班總有發薪日，辭職做家庭主婦，有些男人想起來就給妳錢，想不起來妳就得忐忑地要錢，即使拿了錢，妳也不能像以前那樣買自己想買的東西——這是人家的錢。去超市買菜回來，最好拿收據報備。妻子待在家裡一事無成，丈夫則日日升職，覺得錢都是他賺的。

亞洲家庭沒有美國的夫妻聯名帳號——有幾個家庭主婦真的掌握家裡的財政大權？不僅如此，男人回家還會說：「我今天從早上六點做到晚上十二點，很辛苦，如果我能在家做家庭煮夫，妳出去工作，我和妳換。」

男人辛苦工作一日，拚的是前程，女人在家裡待了一天，則是無所事事一天。

結髮妻子好說，總算有法律保障，最慘的是當成家庭主婦的同居女友。

辭了工作在家裡一心學煮飯，男人去夜總會應酬，喝得醉醺醺回來，還要拷問妳晚上和誰吃飯，說妳紀錄不好太風騷，順便指責妳燒壞了鍋蓋。

家庭主婦這個角色，著實太難。

要做全做好一切，要煮飯要聽他抱怨工作很累，更要一顆紅心，兩手準備，在沒有工作朋友時光消逝之後，聽對方說「我們真的不合適」。

怎麼樣是合適？乾脆像妮可基嫚的電影「超完美嬌妻」那樣，全鎮的主婦都被改造成機器人，苗條、美麗、溫順，煮飯一流、家務一流、打扮一流的超完美家庭主婦？

結婚談戀愛，比賭博還驚險。

去賭場還有機會翻身，遇錯了人，很可能到了最後，戀人不見了，自己也不見了。

這個時候，愛會變成恨，恨他讓自己一無所有，恨他蹉跎了自己。

# 公主和王子

她曾經寫過厚厚的一本書，是關於一個認識十五年、結婚八年的男人。

她寫到第一次去看演唱會的票，當年從日本逃走的女學生和買甘蔗的摩托車男孩，一起聽過的唱片。十幾年間，每一次的隱約動搖和不捨堅持。

如果說《索多瑪城》是本有個人情緒的故事集，但是到了《生死遺言》，已經從故事變成了寫實。

不過是幾年前的事情。

當年，我抱著她的書，讀出了一臉眼淚。

恭喜她，嫉妒她，生命裡可以有一個男子占據她十幾年之久，糾葛不離不棄的相愛，最後，王子和公主終於在一起。

更精采的是，婚後多年，有了小孩子的公主還寫了一本《生生世世》。他們還好好的。

什麼叫完美？

這個女人，讓我覺得在忙碌精采的現實世界，有希望、有完美。
不過是幾年前的事情。

如今，離婚了，她和別人牽手了。
她的故事，給了每個相信童話的女孩一個耳光。
公主和王子，童話的破滅。
這個世界，終究沒有想要的完美。
所有相愛的情侶，背後不知道有多少隱晦的暗疾。
美豔聰明敏感才情如她都把握不好這段姻緣，我們這些凡夫俗子，哪裡有信心有信仰，又能期望什麼？

或許，愛情童話破滅，現實中屢戰屢敗之後，我們不得不實際做人。
在彼此還沒有確定的時候，出去約會，越多越好。
有人對妳好，追求妳，享受這一刻，但是不要奢望長久。
有人說愛妳，說謝謝，但不要期望聽到下一次。

混亂的性不好，但即使發生了什麼，也不代表妳一定要嫁給他。

他對妳不好，傷害妳，不尊重妳，就離開他。

即使相愛過，現在不愛了，也是可能的。說謝謝，然後禮貌離場。

於是，終於從一個信仰愛情，用盡全身力氣去追求徹底的、完全的、百分之百的、生死相隨的、堅貞純潔愛情的蠢女人，變成了聰明和充滿愛的智慧女人。

# 歡迎回到地球

C過生日，一直在等男朋友出現，渴望出現奇蹟：他會買張機票，出現在她的面前，說生日快樂。

一直等到凌晨一點，終究沒有人出現，灰姑娘才終於醒來。

我擁抱C，歡迎她回到地球。

N終於遇到了心儀的男子，昨夜他們一起吃飯跳舞，他抱住她，在她耳邊說：「明天打給妳。」

她第二天整天抱著電話，等啊等，電話響起，卻從來不是他的。

我擁抱N，歡迎她回到地球。

S和喜歡的男生交往，卻覺得對方不夠積極熱情，談判之後，大家說好做回朋友，但她心中依稀存有僥倖，覺得彼此或許還有機會。對方卻再也沒有找她。

我擁抱她，歡迎她回到地球。

歡迎回到地球。恭喜妳不再飄浮在外太空，帶著沒有盡頭的幻覺。

歡迎回到地球。落地的一剎那，怎麼樣都會痛的。

歡迎回到地球。終於肯面對妳不想要的結局。

歡迎回到地球。我知道這個時候妳有多心酸，所以，讓我興高采烈地擁抱妳。

歡迎回到地球。

# 眼淚

很久以前，忘了是自己寫的還是別人寫的，有這麼一句話。

每一滴眼淚，都是人生愛的點滴。

這句話放到我身上，恰如其分。

短短的二十幾年，不是沒有遇到過糟糕的壞事情，奇怪的是，我從來沒有因為這些壞事情流過一滴眼淚。

國中的時候，我得罪學校的大姐大；晚上下課之後，彼此找了一幫人打群架，結果我的人寡不敵眾，我被一堆人圍在中間，我拿出用鋼尺磨成的刀子，一副要拚命的樣子。刀子被別人搶走了，我也割破了那個人的手。大姐大打了我一個耳光，在我臉上吐了口唾沫，了結這件事情，日後這變成了小有名氣的「東湖百人群毆事件」。我被警告，大姐大被開除，爸爸怕人家報復，每天來接我下課，我穿一件灰色的衣服穿了兩季，不想讓人家注意我，不想讓人家看見我。

這件事情，算是我少女時代最壞的事情，奇怪的是，整個過程中，即使被圍攻打耳光，我一滴眼淚都沒有流。

長大之後，也遇到過各種奇怪的壞事。
被壞人騙著買這個買那個，最後發現對方是個專業騙子，身份證有三張。
去西班牙被關進監獄，和一堆偷渡犯關在一起，十指塗滿黑墨汁去按手印。
遇到難相處的老闆，或者遇到一些不可能完成的任務。
遇到超級沒有人情味和富有攻擊性的客戶。
被別人莫名其妙地攻擊，給我莫須有的罪名，詆毀我的名譽。
信任別人卻被利用傷害。
奇怪的是，每遇到這種事情的時候，我都非常堅強。
打架之後，跑去和當時的大哥大約會。
發現朋友是專業騙子之後，轉身就走——我心慈手軟沒有報警。
在監獄開始當兼職翻譯告訴大家該怎麼辦。
失去工作，我馬上下樓買了一件新裙子。
別人攻擊我侮辱我，我會和我最親近的人講話，只要她們對我微笑，剩下的人，隨他們去吧。
客戶翻臉，隨他去吧，做好下一個吧。

信任別人卻被利用傷害，我馬上扔垃圾一樣把這些人扔出我的生命。

我從來不為這些事情流淚。一滴都沒有。

相反，我會為電視裡小孩子的姍姍學步、戀人的眼神、美得不可思議的夕陽，紅了眼睛，流下眼淚。看好萊塢典型的浪漫電影我都會哭，看「美麗人生」那麼多次，每一次我都在沙發上哭到蜷成一團。

傷害和壞事，從來不會讓我哭。

每一次我的眼淚，都是因為愛或者其他美好的事情。

如果我當著你的面流淚，一定不是因為你傷害了我，而是因為我愛你，或者，我知道你愛我。

# 妳現在開心了嗎？

「如果繼續下去，我一定會撒謊。」

她來找我，一幅大澈大悟的樣子。

從小的教育讓她信奉「撒謊是很羞恥的事情」，也覺得「正大光明就沒什麼好撒謊的」。男朋友問問題，她全部如實回答。去了哪裡見過什麼人說過做過什麼事。真的問到什麼不想觸及的話題，她會回答「我不想說」。

但，坦誠並沒有換來信賴和親密，很多問題的答案，變成了對方日後吵架時的呈堂證供。

「妳知道他對妳有好感還和他見面？」

「妳凌晨三點才回家，還和五個人交換了電話？」

「妳把自己包裝的很好，我一天天揭開了妳的完美表相。」

「妳做過那樣的事情，我怎麼相信妳？」

信賴變成傷害，彷彿看他走路踉蹌，妳遞出拐杖，對方接到卻反手抽來。

她痛也不會說什麼，只是講話越來越少，只問：「你早上吃了嗎？中午吃了嗎？晚上吃什麼？」

男人天生是說謊專家。

接到神祕電話，他堅持是個朋友，男的，接著指責她小題大做，戲劇人生，斥責她半個小時，直到她要求回撥電話，才承認是個女客戶。

電視裡一方偷腥，良心發現，向另一方承認，他說：「如果是我，死都不承認。」

她隨即想通了，原來事情可以進展得很好，只要她會撒謊。

她說，交下一個男朋友，大概方向如下。

「你是我的第二個男朋友，第一個已經結婚生子或者五年沒有任何來往。」

「身邊的男士全部都是同事客戶未來潛在合夥人。」

「那個活動很無聊，我整晚坐在一邊沒有和任何人講話。」

如果對方有任何懷疑或者糾結某件事情，從男人那裡學來的那套，是時候還給男人了。

「你太小題大做了！」

「你太戲劇化了！」

「你大姨媽來了？」……呃，這個可能不行。

她從老實小姐變得三思而後言，端的是甜美禮貌可人，無懈可擊。

原來做人，要知道適當隱瞞真實細節和當下感受。

她說：「有時候，說完謊，我會想問他：你現在開心了嗎？」

沒有問，是因為知道他一定會回答：「我現在超開心的。」

## 被愛，不用道歉

M打給我，說她做錯了事。

她一直在兩個男生之間徘徊，一個是溫情脈脈的小明星，一個是做基金經理的官二代。平時還能把交際圈切割開，偏偏世界那麼小，某天，兩個人在KTV的包廂撞上了。

兩男一女，同坐一房，兩個男人都覺得自己是正牌。

必有取捨。

她自然選世交官二代，兩個家族關係不錯，從小又是朋友，不能太難看。但大家都不是傻瓜，於是局勢相當尷尬。

基金男生氣先走，小明星在KTV門口，站在冷風中和她吵了一個小時。

她自然滿心內疚，覺得委屈了小明星。他每天噓寒問暖，陪看電影陪吃飯，如今看著自己的女人和別人卿卿我我，憤怒光火，不是沒有理由。

只是事情太明顯，實在無法解釋，M只好翻臉：「我就是這樣，你不能忍受，就不用再見我了！」

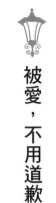

最奇怪的事發生了。

第二天，兩個男人都發來簡訊。

基金男客氣的問：「妳還在生氣嗎？」

小明星照舊噓寒問暖，約她看電影，只說昨晚大家都喝多了。

M又好笑又莫名其妙，問：「為什麼他們會這樣？」

「他們還能怎麼樣？」我在電話這邊笑出眼淚；「要嘛不再見妳，要嘛繼續忍受——妳難道不知道，被愛的人不用道歉？」

他捨不得妳，即使明明知道妳撒謊、妳劈腿、妳無理取鬧、妳翻臉，他也會替妳解釋：一定是自己哪裡不夠好，一定是妳一時喝多了。妳那麼好，又不懂得拒絕別人，有人喜歡也是正常……

被愛的人不用道歉。

自有那些卑微的愛人替妳解釋，用逐漸被消耗的溫情和信心，自圓其說。

# 不可原諒的錯

我作為婚姻家庭諮商師，經常有機會進行自我反省，比如「上週，妳為愛人做了什麼？」的討論，比如公司檔案裡翻到的一段文字。

> 不良伴侶的最大特質：對不良特質的堅持。
>
> 不良伴侶的三個主要特點：越界（控制慾、窺探慾），不能換位思考，缺乏感情控制和平恆。

我連午飯都不吃了，坐在位子上思考我的不良特質。

窺探慾……應該還過得去。

控制慾……我不得不慚愧地承認，我是有控制慾的，畢竟從小獨立生活，習慣了一切自己做主。如果我覺得完全不知道現在的狀況，我會緊張甚至搶先離場。

缺乏感情控制和平衡……大多數時候，我是理智清醒的；但是總有些時候，我會失去平衡。

但是大多數錯誤，不都是有些時候造成的嗎？。

「完蛋了，原來我是不良伴侶。」我沮喪而慚愧地對旁邊的同事說。

「只要妳能想到妳哪裡做的不好，妳就不是不良伴侶。」她貼心地回答。

是的。

不良伴侶的最大特質是：對不良特質的堅持。

無論你是控制狂、窺探狂、極度自我中心甚至性變態，都不是無法原諒的。

無可救藥的，是那種死也不肯道歉與反省的人。

# 我可以改

一對戀人吵架，一方說分手，另一方哭著懇求。

「我可以改……你不喜歡安排計畫，我來安排約會。我不用你送我上班，我不用你來接我，我拿水給你喝，我煮東西給你吃，我仔細聽你說話然後認真回應，我可以看你喜歡的體育節目，去你喜歡的餐廳……不管你的臉色有多臭，回家的時候我絕對跟你坐同一台車子……我接受你的心口不一，過濾你說的壞話……我會做你喜歡的事情……」

一定是很珍惜，才肯為對方改變吧。

生活中點點滴滴的習慣和長期以來的性格，不是臉書的留言，可以隨時刪除的。操作過程中的磨合，必然不舒服。

是什麼讓我們變得卑微？

只要你還愛我，你不喜歡的地方，我可以改。

只要你還愛我，多辛苦我也覺得值得。

因為擁抱，我願意為你變得更好。

因為深情的吻，我願意改變自己的生活去配合你。

要人命的愛，我們即使委屈也心甘情願，哭著懇求，只要對方不離開，我都可以改。

哪怕對方冷漠回答：「我不要妳改。太勉強妳了，妳還是做妳自己會比較開心。」

於是哭得更大聲了：「我改都不可以嗎？」

親愛的，真正愛妳的人，不會只要求妳改變。

感情是兩個人的事情，不是一個人的。

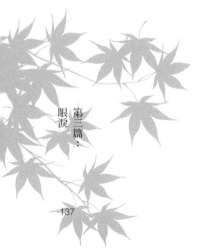

# 如果要分手

她曾經是個名符其實的甩人女王，所有的男朋友都是她先提分手。一路踩著別人的心走過來，她最擅長的姿勢就是轉身離開。

後來，她終於被別人甩了一次，深深地感受了一次被甩的失落和痛苦。

經歷了漫長的癒合期之後，她的體會是：「奇怪，我所有的前男友，我現在都還覺得他們好，自己不好。唯有這個人，我再也不要看到他了。」

再談戀愛，她的原則是，如果我真的在意，如果要分手，讓他甩我好了。搶先離場的那個人，總是比較體面，畢竟已經考慮周全，準備完善，心理有了準備，受傷程度較小。

如果一定要有一個人受傷，讓他體面離開，妳自己受傷吧。

如果一定要有一個人默默流淚，妳做這個人吧。怎麼捨得讓他傷心呢。

如果一定要分手，讓他甩妳吧。讓妳哭了又哭，求了又求，他冷冷的臉依舊不為所動，彷彿變成了一個陌生人。

這樣，妳才能把過去的所有情分剪斷，再也不回頭。

總比午夜夢迴想起、內疚地皺起眉頭，再次使用「如果當初我可以……」這個著名的假設句來追悔好。

如果一定要分手，請你甩了我吧。

# 最好的分手話

指責，解釋，爭吵，一直重複，每一句話都已經說過了。

不是、但是、可是，連轉折詞都用到貧乏，一開口就被猜到下一句。

那些詞卻還在耳邊盤旋。

惡毒、卑鄙、撒謊、侵略、揮金如土、毫無人生意義、沒有社會價值、人品不佳……

說來奇怪，被罵的人一邊覺得莫名其妙，一邊反覆想辦法道歉。

有些事情，心下委屈，卻說：「都是我不好，沒有讓你做你想做的事情。」

不管錯還是對，如果愛你，就應該站在對方的利益上，不是嗎？

最後，應該說什麼？

難道要對罵，甚至打起來？

「都是我的錯，是我不夠好。」只好這樣說。

都是我的錯，請你把種種尖酸刻薄的形容詞像石頭一樣砸過來吧。

開口回罵？認識一場，還是算了吧。

為了相識的情分，也為了不那麼難看的嘴臉。

此去經年，到老死之日，讓我不用內疚，因為我不曾用明火燒你，不曾用惡語傷你。

以低姿態的道歉換得平靜，換你滿意，換一個雙方無憾的結局。

卑微地，寬容地，決然地回應。

都是我的錯。

你不知道的是：我不夠好，並不代表我是壞的。

## 怎麼會

這個問題，妳曾癡傻地一遍遍追問。
睜大眼睛，搖頭，似乎覺得這是不可能發生的事情。
擁抱，吻，寬容，諒解，甚至縱容……
對方曾經溫柔耐心，視妳為珍寶。
他怎麼會不愛妳？他怎麼捨得？
妳像個不肯醒來的孩子，一遍遍睜著眼睛重複懷疑對方。
妳不明白，兩人一起經歷分享成長，愛，應該一天比一天多。關懷、擁抱、甜蜜、依賴、信任，應該隨日增長。
怎麼會？怎麼會不愛妳了？
他卻再也沒有回來。
新的一天，新的一頁，妳總結錯誤，認真專一甜蜜，不玩遊戲不發脾氣，兢兢業業，打算寫好新篇章。
只是這一次，角色互轉。

出現什麼問題，妳第一時間認錯，原諒對方的錯——如果對方出錯，也是因為妳不好。妳隱忍，妳退讓，妳委屈，妳渾身沾滿了泥。至於對方，自私、驕傲、任性，隨隨便便就能張口剪斷情分。

猶如當年的妳。

終有一日，妳決意和他分手，最後的最後，對方一副不可思議的表情，懷疑的問：「妳怎麼會不愛我了？」

是的，寶貝，我不愛你了。

我們之間，與時間共同成長的，不是關懷、擁抱、甜蜜、依賴、信任，而是謊言、欺騙、懷疑、傷害。

你承諾的安全和美滿，因為此刻的善變和謊言，變得如此殘忍。

暴躁刻薄的攻擊，把昔日的美好全部剪成碎片。

怎麼會不愛？怎麼會捨得？

妳也曾經那樣無辜，那樣生氣，質問那個要離開的人。

在這個不眠夜，妳終於終於露出了釋然而內疚的微笑。

# 不嫉妒

決定分手？

這裡有一個小測驗，看看妳是否真的可以放下。

閉上眼睛，假設對方很快找到了新歡，兩個人正坐在一起吃燭光晚餐，或者親密地牽手逛街，臉上充滿了戀愛的光輝。

懊悔嗎？難過嗎？妒忌嗎？

光是想到此情此景，有人已經渾身著火。

「他怎麼可以這麼快愛上別人？他怎麼能這麼對我？」憤怒。

「其實那件事情是我的錯，否則我們現在還是好好的。」懊悔。

「他會對她說同樣的情話嗎？會整夜擁抱嗎？」妒忌。

也有人覺得淡然。

憤怒？他開心就好。

懊悔？我已經做了我能做的，沒有什麼好後悔的。

難過？已經太多了，應該去看一點開心的事情。

妒忌？新人未來的苦日子剛剛開始，他才不會改，他還是會斤斤計較，動輒指責，欺騙和謊言，輕易承諾輕易翻臉。妳甚至有一點點替新人擔心，卻只能搖搖頭：新來的，等著吃苦吧。

我不妒忌他，相反，我微微地替她擔心。

當然，一個蘿蔔一個坑。說不定這個人剛好不覺得這些問題是問題，說不定大家就可以各取所需，一拍即合。

為他高興，既然我沒有這樣的才華。

在愛情裡，我從來沒有這樣願賭服輸過。

# 說清楚

馬路上，一對情侶正在吵架，一方要走，一方不讓，抓住對方，聲嘶力竭地問：

「你到底什麼意思！你說清楚！」

你為什麼開始和別人約會？你說清楚！

為什麼不每天打電話發簡訊給我？你說清楚！

為什麼我感覺不到你的關心？你說清楚！

你還愛我嗎？你說清楚！

你還要我嗎？你說清楚！

一個又一個的問題撲面而來，被抓住的一方尷尬地站在街頭，手臂被抓得死緊，動也不能動。

怎麼說得清楚呢？

告訴你我還愛你？我不肯定，我不想說。

告訴你我還要你？我不肯定，我不想說。

告訴你我開始見別人了？我也不想這樣做，我不想說。

小時候，遇到一點點問題，我們會激昂憤怒地抓住對方，要對方說清楚。

問題是，對方能說什麼呢？

已經灰了，沒有辦法白，最後只好黑。

長大之後，聰明之後，我們不會要求對方說清楚，對方追問，我們也不再說清楚。

一定有問題，何必去碰這個痛處，自尋煩惱？

說分手？太倉卒，太殘忍，走著看吧，如果要說，也讓你對我說。

長大之後，我們終於知道萬事給自己給對方留餘地。

有些事情，不說清楚比較好。

動不動就張嘴用狠話斬斷所有關係的絕情少年，終於長大成人。

不會說清楚，如果對方一定要說清楚，只好尋找最穩妥最留有餘地最不會傷害彼此的詞語。

「是，我這陣子不想再見你了。我們做好朋友，好嗎？」

# 終結

不知何故，文藝作品和電影裡的偷情，向來很唯美。

當事人的行為合情合理，兩人四目相對，恨不逢時，情慾翻天，天造地設。最壞的是原配，醜醜地豎在那裡，像一根殘破的樹樁，毫無美感和靈魂。

原配丈夫，要嘛無聊枯燥不能明白妻子的心，要嘛醜化到啤酒肚醉後強迫妻子做愛。情人的擁抱，溫柔敏感又有力——背叛是應該的！

原配妻子，要嘛臃腫無趣黃臉婆，要嘛刻薄惡毒嫉妒婦。情人那麼無辜那麼美——離開是應該的！

明知被騙，原配默默不語裝作不知最有風度，倘若介入，一對癡情人和觀眾一起怨恨：還不識趣走開！

再過分一點，當事人一邊打包一邊指著原配破口大罵：我愛過你！是你毀了我們的一切！都是你！

不管是無趣男、啤酒肚還是黃臉婆、嫉妒婦，集體心碎，不能站立，抱著自己蹲在地上，試圖（對觀眾）解釋，「不撒謊、不欺騙、不背叛、不離開……我們有過承諾啊……」

台下一片噓聲。

某一日，對方已經覺得妳不美好，妳已經淪為他的黃臉婆、嫉妒婦，妳唯一能做的，就是鞠躬離場。

就算最初曾經騎過白馬，或者被深情吻醒。

不要去指責謊言，不要去怨恨背叛。

信譽、道德、人品，即使罪名成立，又有什麼意義？

我們不得不接受並尊重各種形式的情變，並確保在自我感情被損害的基礎上，保持不計較不指責的風度。

倘若不能，且看情人憤恨的眼神，且聽台下的一片噓聲。

## 勸

看到街上有人打架，努力把兩人拉開就好，不用勸說。

怎麼勸？

怒氣衝天，把對方的缺點從頭到尾說了一遍，女方說男方薄情寡言、謊言欺騙、狂妄自大、尖酸刻薄；男方說女方貪玩成性、不懂家事、侵犯隱私……

此處省略八千字。

妳張口結舌，啊，沒想到居然是這麼一個人，還沒等當事人陳述完畢，妳已經說出總結陳詞：「快點分手吧……」

停！

一旦不再愛了，轉身走人就好，想都不用想。當事人四肢健全頭腦清楚，所有重大人生決定都是自己完成，不要覺得當事人抱怨是在徵求建議，多數只是生氣、出氣而已。

說不完的恨，三天三夜——妳聽不出來還愛嗎？妳以為分手會開心嗎？

她會忘記對方一週三千字的甜蜜簡訊和午夜電話陪伴，他也會忘記她深情擁抱、可愛笑臉……兩人絕口不提對方的好處，說的都是罪大惡極。

好的事情好的地方，妳完全聽不到，沒有看到全部，甚至沒有聽到另外一個版本前，妳的高貴意見，是不是有些武斷呢？

妳建議分手。妳沒事，隨口一說，說完就忘，生活照樣風輕雲淡。當事人損失的，是擁抱，是溫暖，是伴侶。如果對方已經同居或結婚，則是活生生的生活少了一半。

妳既然不能陪對方吃喝玩樂睡，又有什麼資格鼓勵這種損失？

兩個人能給出承諾，自然是千挑百選。妳以為當事人可以那麼容易找到下一個？當事人以後吃苦受累東晃西撞，都是妳的真心意見所賜。當事人午夜夢迴，流下眼淚，妳在哪？

誨人不倦，害人不淺。

另外，對方的伴侶，一定恨死妳了——又沒有得罪妳，為什麼要說我壞話？當事人一定不會說是因為自己列出了九十九條罪狀，只會說，算了，別計較，都是過去的事情了。

做朋友，有一雙忠實的耳朵，好過一張喋喋不休的嘴。
倘若一定要說什麼，請相信祖上傳下來的古訓：勸和不勸離。

# 承諾

中國人說一字千金，外國人說 you got my words。

承諾，理應珍貴如黃金，偏偏在一些人的嘴裡，廉價得如同口香糖，撕毀承諾的理由輕描淡寫。

「我怎麼知道？」

「又不是我的錯？」

「事情變了……」

兩人之間，最正式最珍貴的，是結婚儀式上的承諾：不管疾病、貧窮，都會相愛。

這樣莊嚴宣誓，用儀式來證明，也有很多惡俗結束。

不用說那些戀愛插曲，承諾被用得爛俗，甚至有時候，淪為追求的道具。

張口就來，掩飾真相，在空中描繪完美未來。

一方口綻蓮花，一方則被幸福的貪念擊中，悲劇前奏開始。

隨即，惡的一面展開。

輕蔑，刻薄，要求多多，藉口不斷，動輒撕毀諾言，絲毫不覺內疚。

珍貴無比的承諾，淪為舌尖上的罌粟，美麗，不可信，中者非死即傷。

一隻狗都知道站在冷風中等待主人歸來，人類的智慧超越犬類，會聰明地找到解釋理由。

好進化。

再聽到什麼空中的許諾，開始微笑。

越美麗越天花亂墜，笑得越多。

謝謝你騙我。

謝謝你讓我笑過，總比被人罵好。

# 第四篇 炮灰的心

有沒有在人生中扮演過這樣的角色？
以為自己在拯救生命和愛，
誰知道放入懷中是凍僵的蛇，
活過來就咬妳一口，
不死也要妳半條命。
最可怕的是，妳的愛，
不過是他手中的一顆籌碼，
有時候用來裝飾人生，
有時候踩在腳下吐口痰拿去獻媚。

炮灰的心，遲早灰飛煙滅。

# 炮灰的心

很久以前，有個女孩，認識一個男孩。

忘記什麼時候，他正在為情所困，吃不好睡不好淚漣漣，每天都打來，幾個小時，傾訴對方有多糟糕，自己吃了多少苦。

聽了九個月，耳朵和心都軟了，他再哭訴的時候，明知道可能做炮灰，女孩仗義地跳出來，「以後有我，我保護你，我不會讓你哭了。」

聽了太多傳說中的前任，簡直是世上最壞的戀人，物質虛榮無所事事，整天除了應酬喝酒，就是拉他去看房子或者研究法拉利。

女孩有一顆善良的心，把對方當成嬰兒，下定決心要把最好的東西給他，滿足他的心，給他安全感、給他愛，告訴所有追求者自己有了男友，滿足他的胃，從來不碰水的手燙出水泡，只為了學煮菜，滿足他要的一切。

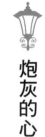

倘若吵架，明知他無理取鬧，也不肯讓他傷心，第一時間上去擁抱道歉。她哄著他，第一時間讓他笑——他已經在別人那裡吃了那麼多苦，怎麼還捨得氣他呢？

他一天天地好了起來，三餐正常，不再酗酒，專心工作，專業書籍越買越多，笑笑地開始變胖。

看著他好，女孩心裡開花了，彷彿兒時，去夏令營救活了一棵要枯萎的樹。

但，對方卻把她當祕密，朋友聚會從不帶她出席，更出去約會前任：「我一直都單身啊，這陣子我每天睡覺看書……我們還有機會嗎？」

看著她，男孩開始挑剔：「地上的頭髮沒有撿乾淨，妳難道沒有買衛生紙的基本常識嗎？」

深情的炮灰，心碎成灰。但給出了一生一世的承諾，怎麼可以隨意變卦？

她忍著眼淚，「我改，你說的我都做，你去找別人，一定是因為我哪裡做得不夠好。」

當了十個月祕密女友，女孩終於忍不住對男孩摯愛的前任開口：「其實我和他已經在一起十個月了。」

男方毅然分手，當著親友面張口就罵：「這是我的隱私！為什麼妳要告訴她！我要和妳分手！」

哭到天亮，女孩不得不重新計畫人生，不再留在家裡煮飯，開始做自己的事情，重新練習單身，開始參加派對，開始酗酒晚歸。

深情的一顆心，已經灰飛煙滅。看到至愛前任發來裸露照片在他的電腦閃爍，也默然無淚——安全和平，離開就好。

失戀離開三部曲：痛心、絕望、悲憤。

恨不得書寫五千字說恨，他卻殷勤跑來示好，「再給我一次機會，我會永遠愛妳保護妳……那些裸照是她無緣無故發給我的。我還很意外呢。」

真傻，她居然相信了，傻到去問她：「以後不要再發裸照給他好嗎？不是很好吧，我看到了。」

她驕傲輕蔑極了，「小姐，弄清楚，一個巴掌拍不響，他幹嘛又接收又保存？他說你們半點關係都沒有。不要擔心我被妳的男人騙，妳當心自己被騙吧……另外，妳所想的事情，都是他的想法，和我沒有關係。他最近一次找我，我已經跟他說得很清楚了，請他忘記過去向前看……」

原來是又撞了牆，才想起女孩的好。

原來女孩終究是炮灰。

有沒有在人生中扮演過這樣的角色？

天真、幼稚、癡情，以為自己在拯救生命和愛，誰知道妳放入懷中是凍僵的蛇，活過來就咬妳一口，不死也要妳半條命。

信口就來的甜言蜜語，三分鐘之後就會枯萎的諾言，已經不是最傷的原罪，最可怕的是：妳稀世珍貴的愛，不過是他手中的一顆籌碼，有時候用來裝飾自己的人生，有時候踩在腳下吐口痰拿去獻媚。

炮灰的心，遲早灰飛煙滅。

# 遺忘

最怕的是對方已經忘卻，妳卻什麼都還記得。

你們如何相識，第一次吃飯的餐廳，他微笑的樣子，跟妳講過的故事，第一次牽手，第一個吻……

什麼都記得。

而那個人，彷彿完全消失了，沒有電話，沒有簡訊，沒有郵件。你們沒有多少共同的朋友，即使有，大家也心照不宣，絕口不提他的消息。或許時間長了，大家真的都忘了你們曾經相愛過吧。

而妳卻依舊記得他。

在餐廳吃東西的時候會突然想起他，在路上看見天上的飛機會想起他，甚至在熱鬧的派對上，大家拿著杯子跳舞，周圍沒有半點和他相關的事情，妳卻突然想起他。

心突然痛得厲害，妳自己都嚇了一跳。

打給他？不用了吧，對方一定有了別人，才會這麼久也不聯絡妳。

突然很想有個地方，可以如同科幻小說一樣，腦袋裡面有個細胞是關於這段日子的，取掉它，忘掉這段記憶。

你忘了，我卻記得。我不要。我要忘記你。

有一部電影，兩個同樣為了失戀痛苦的人，刪除了以前的回憶，卻在茫茫人海重新相遇相戀。

我和你，應該沒有這麼好運氣吧。

去掉它，彷彿從未發生從未相識，我從來沒有聽過你的名字和故事，走在路上，即使相遇，也不會去看你的臉。

記憶力比較好的那個，總是傷心得比較久。

愛過什麼人之後，我們總是情願自己得了失憶症、癡呆症，甚至其他更奇怪的病。

多奇怪的病都可以，只要可以忘記。

# 冰淇淋女郎

每個女生，都有過一段冰淇淋女郎的日子。

晚上下班回到家，洗澡換睡衣，開電視開冰箱，抱住一大桶冰淇淋，居然一夜可以吃完。白色香草、褐色巧克力、粉紅草莓，一勺一勺地挖，用力再用力。

心寬體胖？不，女人最瘦最漂亮的時候，一定是在戀愛的時候，整個人都發光，吃東西要對面的人餵，否則不吃也罷。

生命不息，減肥不止的當下，就連男人都在節食，女人除了前菜，其餘的全部不碰，高熱量的冰淇淋更是洪水猛獸。

而冰淇淋女郎無所顧忌，抱著一桶和胃直徑相同的冰淇淋，開著音樂，四肢鬆軟，沒有靈魂一樣地吃下去。

畫地為牢，關在自己的小小世界。

沒有擁抱，只剩下食物的慰藉。

一勺一勺，無法停止。

直到胃部完全沒有多餘空間，牙齒發冷打顫，身體動都動不了，癱倒在沙發上昏昏睡去。

體重變成無關重要的東西——反正你也看不見我。

想不到什麼讓自己更好更美的理由。

因為沒有你。

再過一段時間，妳發現，原來沒有他，也可以過下去。

無非冰淇淋買多一點，電視看多一點。

除了胖得不成人形，形單影隻之外，沒有你的日子，也不是不能想像。

這盒吃光之後，不會再買了。

# 刪掉你的號碼

有沒有刪過情人的電話號碼？

剛剛吃完晚飯分開，一小時之內打去三通電話，怕他覺得妳神經病，又或者你們的關係不明朗，妳不想總是每次都先打給他；又或者你們剛吵完架，妳很想他，但是主動打去，無疑就是認錯的一方；又或者關係已經完結，妳恨恨地想：再也不要打給他了……

於是，妳從手機裡找出他的號碼，故做輕鬆地按動鍵盤，刪除。

為什麼要刪？

是怕忍不住打給他吧。

剛認識的時候，刪掉他的號碼，是看他會不會打給妳；如果他不打，就這麼算了吧。

剛戀愛的時候，刪掉他的號碼，是不想把渴望和思念急切地展示給他，希望他可以想起妳，打給妳。

吵架的時候，刪掉他的號碼，是因為妳知道妳有多麼想打給他道歉。

分手的時候，刪掉他的號碼，是因為妳知道妳依舊渴望聽到他的聲音。

刪掉號碼，是因為希望可以忘記。

要命的是，刪掉之後，你發簡訊或者打過來，總是會很清楚地看見那些熟悉的數字。

該死，真好記的號碼。

# 扔掉電話

扔掉電話，應該是刪除號碼的升級版。

初初相識，大可食指輕按，號碼刪除即是。世界說大不大，說小不小，現代人的聯絡無非手機網路，號碼一刪，一了百了。

再多些糾葛，大概就需要犧牲一支電話了。

運氣不好的，連陪了自己很久的號碼也一起犧牲。就像「慾望城市」的凱莉被大人物教堂悔婚之後，傷心悲憤，無計可施，想來想去，只好用力把手機扔進大海，誰也不要來煩。

反正也沒有什麼重要的了。

扔掉電話，但求與世隔絕，清淨平和。反正這心情，哪裡處理得了瑣事？

親友的慰問電話太可怕，工作電話一分鐘也無法敷衍，追求者約會？算了吧，對你們不公平。再聽到問卷調查……

只好用力把電話扔出窗外，放過我吧。

扔掉電話，但求扔掉種種過往，只是高科技手機功能多多。

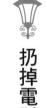

語音信箱裡還錄著你的聲音，相冊裡是你的樣子，各種小程式，我的菜單，我的帳本，你的網上讀物，免費電話外掛程式……一筆讓人頭痛欲裂的帳單。最精采是簡訊，從頭到尾幾萬字，直接抄錄就是一本現場版的愛情小說。開頭伏筆跌宕，高潮結尾，各種元素齊全，最怕打開之後想寫續集，心中激蕩，專挑直刺人心的詞，專注用力，夜不能寐。

只好用力把電話扔出窗外，太精采，原版我不想也不敢看了。

扔掉電話，讓你找不到我吧。不是剛烈絕情的獅子座，分手後，可以馬上若無其事。但凡你打來，明知道又是撒謊，錯愛一場，四肢糾纏，也難免心軟。

只好用力把電話扔出窗外，但求歲月偷走所有跌宕起伏，愛情情仇，我終歸會好起來的。

終於與世隔絕，還我清靜平和，記憶和號碼簡訊被浪捲走，沉入黑不見底的海洋深處，一了百了。

事後損失必定，總歸要回歸人間，一一撿回工作、友誼、社會關係，瑣碎號碼。凱莉再也找不到開頭是9的紐約號碼，妳則會損失電話公司金卡會員一張。

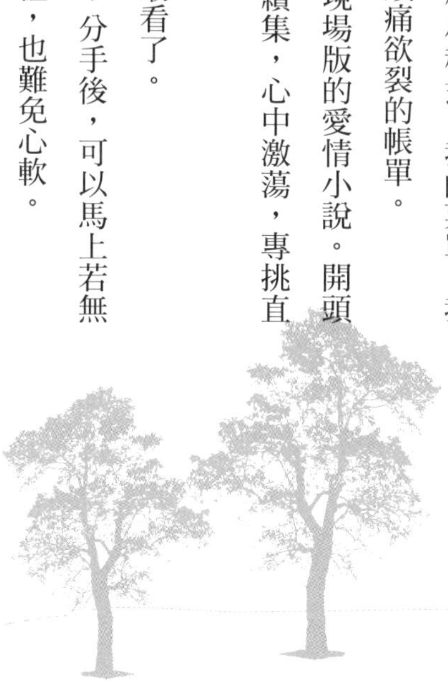

# 恨

正確體面的告別方式是什麼，誰不知道啊。

保持風度，打爛牙齒混著血淚吞下肚，微笑，感謝你走進我的生命。

終究有些剎那不能釋然，心痛和委屈連連襲來，到了某一秒，居然轉化成憤怒，抱怨彷彿機關槍。

你這個騙子！你毀了我的生活！希望從來沒有遇到你！

明知道自己打錯牌，明知道是出醜，又哪裡顧得上？

一幕幕重播，曾經的甜蜜承諾，都是今日的呈堂鐵證。

恨你撒謊，恨你敷衍，恨你用情不專，恨你刻薄言行，更恨你隨意撕毀諾言。

這顆心曾孤苦無助，苦苦哀求；曾忍辱負重，周轉經營；曾心如死灰，哭到天亮。突然之間，居然變成了一口惡氣，恨意充斥心扉。

忍不住要罵，明知道出口的每一句話都只會讓自己變醜，口吐惡言，心生怨念，自然面呈兇相。

旁人不知過程，只會覺得妳不溫柔，何必再給他人口舌把柄？

如何可以不恨？把一切當成惡夢一場，醒來繼續過活？
如何可以不恨？如何不介意不怨恨不回首，生生把過去割斷？
如何可以不恨？風輕雲淡，相忘於江湖？

還愛你嗎？
恨的反面，情緒依舊動盪，自己也難免懷疑。
像個糖被搶走的小孩，躺在地上哭鬧，智商歸零，癡呆愚蠢的樣子，讓這世上所有深愛我的人痛心。自己起身對鏡，也覺得披頭散髮，樣子難看。
決意不恨。
人生苦短，已花了不少時間愛你氣你恨你。
愛惜自己。
要多笑，要變美，要想世上所有美好事物，要珍惜那些值得珍惜的人和事。
恨你做什麼？
搞砸的人生，這日子，晴天雨天，照舊要過下去。還有那麼多的地方沒有去過。
我不再留在原地恨你。

# 竟是無話可說

最怕午夜醒來，伸手不見五指的黑，脆弱卑微到極點，呼吸都覺困難。

倘若此時你在身邊，估計又忍不住伸手去抱，被扎得出血也顧不上，呼吸都不能，似乎活不到次日。先抱了再說。

習慣性地開郵件，點選地址，卻一個字也寫不下去。

還有什麼沒有說過的嗎？

不管不顧縱身而去的癡情深情，已經字字傾訴，每天寄出去的情歌情詩，被壓在郵件的最底層。

百分之百的信賴和依賴，曾恨不得以生命交付，被誤會的委屈屢屢解釋，遺憾不能達到戀人要的完美。一封封的郵件解釋、誠懇、卑微，請不要誤會，請再給一次機會，不好的地方，我都會改進。

最後，連出離後的憤怒也都說了，千字簡訊指責那些謊言，撕毀承諾，刻薄殘忍。

還有什麼可說的？

提筆說愛？愛，又能怎樣？

再一次被指責挑剔，在別人口中淪為沒有人生意義？

再一次遭遇，輕易翻臉撕毀諾言，全心依賴突然落空，身體倒下像玻璃一樣摔個粉碎？

再一次去扮演福爾摩斯和瘋狂的嫉妒婦，被他人和全世界恥笑？

抱怨洩恨？恨，又能怎樣？

對方大可不管不顧做透明人，更可廣告補充說明：離開她多麼正確。

顧不得說恨，先活下去再說。

還有什麼可以做的？還有什麼可以說的？

愛恨交織的郵件，竟是無話可說。

好在，鳥叫了。

天，亮了。

# 唯一可以做的

A小姐在護膚品商店，意外看到了一個牌子，是曾經的他用過的東西。他所有的護膚品都是這個牌子，有的時候她在浴室，研究偷用他的東西。再看到這個牌子，第一個湧入腦海的居然是他。

「那一剎那，我什麼都不能做，只是站在那裡，紅了眼睛。」A說。

B先生走過馬路，聽到一個女孩叫她媽媽，幫她買隱形眼鏡。他馬上想起曾經幫前女友買綠色的隱形眼鏡，她要化妝成貓女參加派對。

「那一剎那，我什麼都不能做，只是站在那裡，紅了眼睛。」B說。

那一剎那，我們什麼都不能做，只是站在那裡，紅了眼睛。

你知道我每次都用你的潤膚乳液嗎？

妳知道我多麼辛苦去幫妳找綠色隱形眼鏡嗎？

每次遇到那些和你有關的人事物，即使你已經走出了我的生命，也會突然跳出來，提醒我你曾經來過。

那一剎那，我們什麼都不能做，只是站在那裡，紅了眼睛。

能做什麼呢？

告訴你發生的一切？告訴你今天發生了什麼，我想起了你？

何必多此一舉，對方在哪裡都不知道，說不定早就有了新人，何必講出來給人家當笑話。

下一次，再看見那個牌子，或者隱形眼鏡，應該能免疫了吧？

原來，站在那裡，紅了眼睛，是因為這是我們唯一可以做的事情。

# 三秋不見，如隔一日

戀愛的人，一日不見，如隔三秋。

有的時候，卻是三秋不見，如隔一日。

因為他總是在那裡，不管妳在哪裡和誰做什麼，你們一直在一起。

喜歡一個人，原來真的可以除了對方之外，什麼人什麼東西都看不到。

可以很久不見面，一週、一個月，但是只要想起對方，心就是滿的。

不用每天見面，不用每天電話，妳就是知道，你們是在一起的。

看不到對方的時候，妳讓自己很忙，忙一點，時間就可以很快過去，再過一陣子，就可以見到他。

一切都不重要，都可以快轉，直到和對方在一起的時候才停下來，慢悠悠地播放，他的每一個微笑，每一個擁抱，才是真實的人生。

很久沒有見面？不，我每天在心裡見你很多次。

很久沒有見面？不，我的時鐘還停在上次見你的時候。

突然有一天，對方說了分手，妳哭了又哭求了又求，還是沒有用。

分手之後，妳照舊讓自己很忙，只是不明白為什麼一分鐘會變得這麼長，為什麼天還沒亮就會醒，為什麼凌晨三點還不能睡，為什麼一天有二十四個小時。

最要命的是，過完這二十四個小時，還有明天、後天、大後天。

知道再也看不到他，日子長得奇怪。

知道他不在這裡了，妳失去了計畫，不知道該去哪裡。

妳可能換工作、可能搬家，反正，沒有了他，去哪裡都一樣。

不知道什麼時候，妳會突然明白，他的世界已經沒有妳了。

而妳的世界，卻還停在那個時候。

## 傷透心的女子

你可曾見過女人當街嚎啕大哭？

妝面模糊，黑白一片，有些人站也站不穩，靠在欄杆上，或者索性坐在臺階上，抱著雙腿放聲大哭。

長得美的，哭起來分外我見尤憐；普通的，哭起來卻也鏗鏘有力，讓人忍不住想起《簡愛》。

是什麼原因，可以這樣失控的，不顧全世界奇怪眼光的，把自己的心痛和委屈灑於街頭？

小時候聽過一首歌，一直喜歡，念念不忘，到了現在依舊會唱。

曾經為他不惜奔走千里　曾經為他傷心淚如雨下
一個人在遠方　卻發現還是離不開他
愛上這樣任性的男子　是否注定一生要為他而哭
每天都會多一分問我自己　我是否找一個更好的歸宿

這樣忙碌的日子也好　至少可以忘記　他有多麼重要
是否真心的愛一個人　就要注定　一生要為他而哭
有一個傷透了心的女子　她獨自站在街邊　究竟是為誰而哭

站在街頭痛哭的女人，我在很多地方見過，巴黎、紐約、香港、北京，到處都有，我自己也未落俗套地扮演過。

只不過年紀漸長，知道自我控制，覺得傷心難過，即使在街上落淚，也要找個無人角落或者牆壁一面。

對於在街上淚奔的傷心女子，我總是帶著無限憐惜，感同身受，溫柔地替她們嘆息。我會給她們面紙，多事的問：「小姐，妳需要什麼幫助嗎？」

# 奪命河豚湯

但凡真心，分手必痛。

最痛時刻，倘若不夠樂觀，「我不想活了」隨著哭腔順口就出。

世上一半的自殺案和兇殺案，都是為情所困。

睡在床上，哭到天亮，住的倘若是高樓層，恨不得縱身一躍一了百了。可這樣橫死街頭，會被當成新聞上報，死了就算了，何必全民皆知。

路過藥房東張西望，可惜管制嚴明，稍微敏感的藥品根本買不到，再加上妳鼻青臉腫，工作人員早已經分外小心。

上吊太醜，想到做鬼要吐著舌頭，怎麼也不肯這麼死。

躺在浴室裡拿刀片？想到就覺得痛，實在割不下去。

想來想去，只有吃河豚肉了。

春季毒性大，小餐廳安全係數低。

名字非常符合要求，大大的菜單上，毫不猶豫地點：奪命河豚湯。

體面：大可說我食物中毒。

安全：烹製不當，也只有五成的機會生還。

達標：我可真是為你死了一次了哦！

痛楚程度：不痛不癢，入口滑膩。

意外收穫：熱湯乳白黏稠，鮮美異常，味如魚唇。

大口大口地喝，再吃肉，翻轉過來再吃，只留一副骨架。

我們的感情猶如那尾河豚，最初活躍滑嫩，突然被不知哪張惡漁網罩住，驚慌失措，腎臟、眼睛、血液和腮一起放毒，壞了原本潔淨可食的肉身。

科學家說，神經毒無藥可解，舌、唇、手、足一一失去知覺，全身麻木，血壓下降，不能呼吸。

這樣的滋味，早就在這場戀情中一次又一次體會，真來了也不覺得稀奇。

一邊吃，一邊哭，心中默讀癡情臺詞：如果沒有你，讓我死掉好了。

過了五分鐘，修改臺詞：如果沒有你，就讓我中毒進醫院吧。

進個醫院就算了吧，這條小命還要繼續吃、繼續睡、繼續愛，還有好多事想幹呢。

# 天長地久

她經常想，要是在那時候結婚就好了。

一紙婚書綁定，之後你便有我、我便有你，即使誤會吵架，也只是一兩天的低潮，終究會乖乖回來，繼續吃飯睡覺。

偏偏沒有。

不是每天都是甜蜜日，有人性格急躁，出了什麼事情，動輒分手。

偏偏另外一個人卻認真，當成命來護的東西就此破滅，覺得被騙受傷，漸生恨意退意。

現代都市快捷方便，愛情線路四通八達，他和舊女友聯絡，她和新男人吃飯，又彼此開始疑心對方撒謊不忠，越走越遠。

大概還是相愛，才會介意。生氣地彼此追問有沒有和別人接吻，有沒有和其他人見面，又不肯睜一隻眼閉一隻眼，福爾摩斯一樣要查個水落石出，確保領地安全。

自然兩敗俱傷。

那麼愛過的兩個人，自此各一方。

多少情侶，是因為氣話、瘋話、誤會分手？

飯桌上，資深人士探討古代的盲娶盲嫁。並不相識，洞房花燭夜才見到真面目，一生一世，雖然打打鬧鬧，但總知對方永遠在那裡，除了家，哪裡都不會去。

現代人太有性格，動不動翻臉分手，資訊傳播靈活快捷，下一任飛快出現，一次又一次，愛情已經變成鬧劇，看不見任何專一美好，天長地久。

不如結婚了事吧。

從此我便有你，你便有我，即使你怒氣沖沖說分手，我咬牙含淚拿了行李出走，也彼此心知肚明最多不過一週，便會回來。

今生今世，我沒有第二個地方可去。

把所有的後路斷死，把彼此刻成生命唯一的座標，憤怒時的分手無法打擾，曖昧和猜忌也無法剪斷。

日子一天天過下去，就是天長地久了。

# 失戀親友團

最後一次見她，是在她的生日會上。她有個男友，交往兩年，慶祝會辦在男友的餐廳，來了十幾個人。男友熱情招待，兩人話說不多，默契卻自在其中。她穿一件淡紫色的小晚裝，頭上戴朵白色茉莉，二十八歲的生日，自然美麗。

再過半年，通個電話，問候感情生活。

「已經分手了。」她平靜地說。

不等我開口問，她已經答完了我未出口的問題。

「可能會回去巴黎重新讀書，讀服裝設計。兩個人不是很合適，分開了對大家都好。我和他還是每週聯絡，和他的家人關係也很好……三月底要不要去曼谷打高爾夫？」她愉快地問。

電話裡，沒有一點悲傷，單身快樂，隨心所欲的樣子，她卻始終不肯和我見面，大概是怕被關心。電話裡面容易混過去，見面卻走不了，難免要細細討論朋友最關心的問題。

「為什麼分手？」

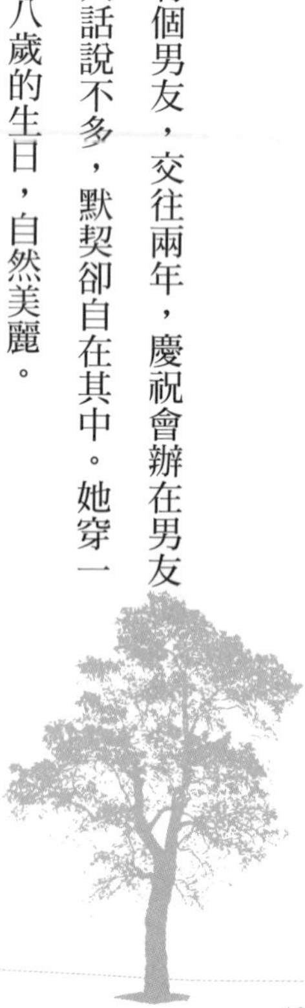

「誰提出的？」

「還好嗎？」

「有見別人嗎？」

「有什麼打算？」

分手之後，熱心朋友與一堆問題。

如何回答呢？

為什麼分手？難免觸到痛處。愛不見了？對方腳踩兩隻船？對方不想結婚？性格不合互相傷害？

誰對誰錯已經不再重要，指責別人也不會顯得自己高明，況且說哪一樣都難免遺憾、指責、埋怨，牽動內心隱隱作痛，說來幹嘛。

誰提的？重要嗎？提分手的人不一定是贏家，說不定忍無可忍，灰心絕望，只能負傷逃走了事。

還好嗎？誰願意分手？但說自己不好又有什麼幫助？

有見別人嗎？已經分手，問來做什麼？

有什麼打算？逃到巴黎吧。遠遠離開，逼自己去遇到不同的人，開始另外一段生活。是否聽上去高級又浪漫，又可以讓朋友滿意安心？

分手之後，最怕親友團熱情追問。像討厭的蒼蠅趴在西瓜裂縫口，去嗅裡面的紅色血肉，填飽窺探欲，帶來幸福感。

那些心痛到天亮的早上，哭到出血的眼睛，不捨和委屈，惆悵和糾結，幻滅和失望，沮喪和傷害，說給誰聽？誰又能真正感同身受？說來做什麼？無非是添些飯後談資。

分手之後，除了要養傷，還要笑笑應付親友朋友。

不適合——千罪萬錯，三個字帶過，不傷人不傷己。

慘澹的分手，熱情的親友團，把失戀的人逼去天涯海角，於是帶著用膠水黏起來的心和威尼斯的狂歡節面具，去巴黎，去紐約。

# 失戀經濟學

全球商家都應該感謝人類的美好情感之一：失戀。

失戀等於換東西——換人換手機換電腦換項鍊換香水換手表，能換的全換。

手機勢必不能再用。

多數時候都在通話簡訊，放在那裡，看著粉紅色的保護套就心痛，更不要說裡面全部是照片，張張催人心碎。名字還在常用聯絡人第一位，簡訊超過兩萬字，從期待熱戀、彆扭解釋、努力失望、心碎絕望，一直到憤怒，直接抄下來就是一本愛情小說，更恨一看就想寫續集，反反覆覆，日夜不能寐。

電腦位歸其二。

每天的一封情書，郵箱裡上千封信還沒有想好如何處理，每樣東西依舊和你有關，每個字、每張圖，寫到這裡，已經恨不得把電腦扔出窗外……存檔先。

香水速速地換。

自從你說我的香水一股病味之後，我就開始用你喜歡的蘋果味，可是我從來都是出名的餅乾女郎，甜得發膩的味道飄在空中，一聞就是我。

其餘的戒指項鍊手套手袋，牽扯到你的，速速地換，送人的送人，壓箱底的壓箱底，讓我的世界和你半點關係沒有。幸虧我們不曾共同置產，否則光在房間裡，我恐怕呼吸都窒息。

接下來，失戀之後，要去旅行，不管是巴黎還是紐約，傷心人努力拉動經濟消費。

一定會多買兩件衣服——重新做人，和你約會過的裙子，不會再穿。

一定會多吃幾間餐廳——微胖一點也沒人發現。

一定會多喝兩杯——沒人等我回家。

一定會多住幾晚——才不要回去看親友悲天憫人的臉。

度假歸來，振作精神，重找美容院、健身房、網球館，努力向上，打造美好外型，才好重出江湖。

又要認識新朋友，出門應酬，倘若主動示好買單，也是情理之中。

單身之餘，不免多看了一眼，養老保險列入計畫，沒有你，至少有它。

失戀工程一旦啟動，失戀經濟學、單身經濟學立刻跟上，這個產業鏈碩大無邊，再過幾日，月底帳單追來，一看數額，只好決定換個高薪工作，或者再找份兼職，或者開始半夜趕稿交作業。

哪顧得上失戀，十分鐘前哭得像嬰兒，十分鐘之後開始工作，五體投地地敗給失戀經濟學。

# 贈品

相戀時候，互相贈與。

一些看得見。

情侶裝，提醒妳曾心心相印，招搖過街。

手機裡的照片和簡訊，一起走過看過的風景，每天的心情事件。

項鍊首飾鑽石，一顆永流傳，大概萬年不化，暗自閃耀在保險櫃。

倘若共同買下房產，眼睛一睜就是全部，一起買的家具，旅行背回來的花瓶，桌子上的杯墊……深情的我，寫到這副場景已經覺得心酸。

物質終究是物質。

有人看到會唏噓，也有人面不動心不跳，物盡其用，完全不會傷感，或者乾脆拿去送禮賣錢。

時間流逝，看得見的，有些衰敗有些過時，所有種種，都會被換掉。

另外一些贈品，不明顯，卻一直在那裡，終身跟隨，影響當下，改變未來。

曾經進入生命的每個人，留下來的，除了看得見的牙刷鞋子，更留下了他們的影子。

兩人朝夕相對。

一方天天研究法拉利的新款，另一方也會至少懂得430。

一方喜歡佛教文化，一方也會至少看過了麒麟和菩薩。

一方喜歡藝術，另一方就多看了幾本畫冊。

一方深情美好，善良樂觀，那顆全心給予、真心保護、祝福對方的心，是一生看到的最美事物。至今回想，只覺得微笑，不會皺眉，也會學習讓自己變得更美。

一方圓滑撒謊，卻在現實生活占盡上風，無往不利，你難免懷疑誠實的意義。

一方出語刻薄，第一次聽只覺得驚訝傷心，懷疑他的詞和想法都是從哪裡來的，到了最後，妳居然可以坦然對罵，甚至青出於藍。

好的贈品，會教人美好的事物就在身邊，樂觀向上，開拓興趣，相信愛情，期待美好，努力去做更好的自己。

不好的贈品，則讓人相信壞的事情是可能的、是正常的，悲觀沮喪，放棄諾言，開始撒謊，刻薄吵架。

如何處理那些看不見的贈品？如何只記住好的美的，剪掉那些腐爛變形，已經長在我身上的枝節？如何讓我回到最初那個天真無辜的容顏？

過往的贈品，需好好整理。

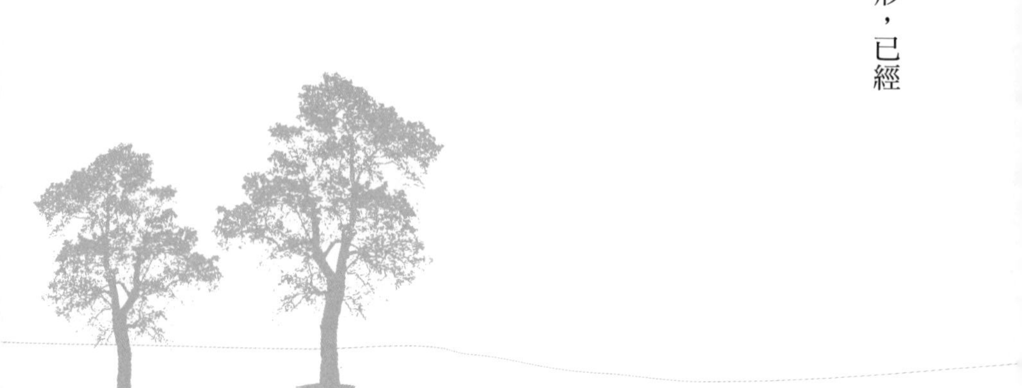

# We had a moment

在電視上看到這句話，男主角在說，翻譯則是：「我們有過一腿。」

我坐在電視面前，無辜地眨眨眼睛。

We had a moment，其實是最最浪漫的一句話。

如果讓我翻譯，我會說「曾經有一刻，我對你動心過」，或者「曾經有一刻，我們彼此喜歡」。

那一刻，看著你的臉龐，只覺得滿心都是歡喜，嘴唇不自覺地上翹，每個細胞都在快樂歡呼。

那一剎那，我是喜歡你的。

愛情中最浪漫的一刻，應該就是那個moment了吧。

所有煩惱都煙消雲散，整個人狠狠地往下掉，不知道會掉到哪裡去，走路卻雙腳不沾地，好像飄在空中。

你好嗎？你在做什麼？

想念你，是隨時隨地會發生而無法控制的事情，讓我一個人在黑黑的夜裡，也覺得溫暖光明，默默地微笑。

我想，那一剎那，我是喜歡你的。那一剎那，我是掉下去的。

你或許知道，或許不知道。

當然，那個瞬間過了之後，總有之後的事情。

瞬間易逝，我們的喜悅和甜蜜，是什麼時候變成了以前的事情？

到底是怎樣發生的？歡喜和默契如何被距離、時間、誤會以及其他無數隱約的原因消耗殆盡，信任和感應開始像彈錯了的音符，混亂而找不到基調。

我伸出手，卻找不到你，於是愣愣地把手又收了回來。

默契已失，我已經不知道如何和你談話。

We had a moment，只是，瞬間太短，短到我們來不及說出口。

We had a moment，只是，moment永遠只是moment。雙方都停在那裡，手裡剩下的只有曾經那個瞬間。

這個時候，我才明白，我們的故事，連一段錄影都沒有，最多只能算一張匆匆拍下的快照。

於是日子長了，moment 也就過去了。
於是日子久了，快照也就不知道被你我丟到哪裡去了。

# 同一個時間

有愛情的時候，經常會看時間，猜想對方什麼時候起床、什麼時候工作，等待下學下班吃飯，凌晨想到對方是否安睡。

有愛情的時候，我們看的不是自己的時間，是對方的時間。我們開始按照對方的時間表來調整安排自己的生活，可以用幾個小時來握他的手，反覆地講一些傻話廢話，即使知道是浪費時間，也浪費得有道理。

分開兩地，去出差或者短暫停留，時間也是對方的時間，想這個時候他在做什麼。

很多身在兩地的戀人，每天加加減減，這個時候他在做什麼，抓緊時候，電話聯絡。

有個朋友一直戴著相差六小時的表，戀人已經不見，兩個人都已經離開了曾經一起的國度，分別在了新的國度，她的時間和心情卻還在過去，不肯離開。

沒有愛情的時候，我們的時間變得空泛，空出來的時間，一秒鐘一秒鐘都覺得遺憾。

有些手表能同時看幾個地區的時間，但我們最在意的，總是那個有他在的時間。

不在一個時區不是最無奈的，最無奈的是彼此喜歡的兩個人，在一個時區之內，甚至就在同一個國家、同一個城市、同一個城區，不需要加加減減調整時差，不需要午夜不睡為了和對方交談，不需要坐長途飛機探班，不需要苦惱被千山萬水遠遠隔開。

只是為了各式各樣的理由，各自看著自己的手表，過各自的生活。

彷彿這一秒、下一秒，永遠與對方無關。

彷彿從未在對方的生命裡出現。

# 向左走，向右走

什麼叫做有緣？

不喜歡，每天見多少次，在哪裡遇到、什麼情況遇到，都是沒用的。

有緣人就是有情人，你們有情才算有緣分。

彼此喜歡的兩個人，即使不能見面，也是有緣分的。看著他們走過同樣的地方，和同樣的人說過話，吃過同一家餐廳，甚至坐過同一個座位而不自知。

這樣的喜歡，到最後，只能靠天打雷劈，破牆來成全。

不管中間多少波折，他們都是幸福的。一張打濕的電話號碼，找不到對方，他們焦灼地在人群中尋找。

他們才不可憐，可憐的是我們。

我們有對方的電話，那麼容易就可以互相找到，但是你從來沒有打給我，我也沒有打給過你。我朝右走，你朝左走，終於有一天，我們再次遇到，彼此點點頭，打聲招呼，然後繼續一個朝右走、一個朝左走，把對方留在身後。

# 第五篇

# 千千萬萬人之間

打開搜尋頁面，
年齡、身高、收入、性格匹配，
輕鬆一按，應有盡有。
儘管挑剔，
依舊有千千萬萬個備選。

只是，
很難不懷念當初樓下那間小鞋店。

# 千千萬萬人之間

大一點的社交網站，註冊會員動不動幾十萬，經常在線上的異性超過十萬。在十萬人之間，可以透過條件搜索年齡、身高、收入，輕鬆找到感興趣的對象。

這麼多選擇，永遠不用擔心沒有約會。

有得選，一定比沒得選好，只是小心挑花了眼。

說個故事。

你家樓下有一家小鞋店，你走進去，看到一雙喜歡的鞋子，它在一堆鞋子裡面那麼搶眼，於是你開心地買回家，拿在手裡，喜歡得要命。

下一次，你走進了一間大賣場，一眼看不到邊，你看到了各式各樣的鞋子，款式多樣，顏色絢麗，得來方便，任君挑選；你之前喜歡的鞋子，可能只是被扔在牆角，在攤位上顯得那樣的不起眼。你左看右看，卻始終無法下決定，因為選擇太多了，而且你的要求也一點點地增加。

這就是為什麼越多約會越難穩定的原因。

世界上沒有完美的人和完美的情侶，陷入愛情，就是因為那一剎那昏頭了。

他其實不符合要求，可能身高、年齡、家庭、性格、相貌都和原來期望的不一樣，當時怎麼會獨自走在路上為他笑出來？怎麼會不開心到轉身就走？

一切就那樣發生了，而可能要過了很久，才知道那一剎那是愛的。

如今約會條件越來越清楚，甚至性格，都可以提前看測試結果，決定要不要約會。將軍，不要選主人，兩個主人在家，一定打起來。藝術型，選個照顧者型包容吧。科學證明，這絕對是有道理有依據的，我們從各方面謹慎理智聰明地挑選。

可是，誰聽過 choose in love？我們只聽過 fall in love。

每一次愛的時候，都沒打算過，只是尖叫一聲就掉下去了。

choose in love，遇到問題，瀟灑放棄——不適合而已，總會遇到更適合我，總是有備選。

於是重新打開搜尋頁面，年齡、身高、收入、性格匹配，輕鬆一按，應有盡有。

儘管挑剔，依舊有千千萬萬個備選。

## 男人的復原期

男人的復原期，一定比女人快。

剛剛分手，妳還在痛苦地淚流滿面，他說不定已經開始約會別人。

S先生三個月之前，剛剛結束一段戀情。

三個月之前，他坐在我的對面，說：「妳有沒有愛過一個人，愛到想起對方，就覺得心很痛？」

我被他的深情打動，當場紅了眼睛。

三個月之後，他興高采烈地約我喝咖啡，順便告訴我已經有了新的女朋友。新人是一個二十三歲的股票經紀，他決定好好交往，準備結婚。

理由很簡單。

男人，牽到手就很開心，更不要說更親密的事情，對他們來說，怎麼樣都是收穫。女人則總是覺得自己吃虧，尤其是東方女人，總是做防護姿勢，付出一點點都覺得已經很多了，尤其是最初的階段。

男人是喜歡衝來衝去、占有掠奪的動物，多數時候，男生是主動方。他們習慣追求，展示愛的行為動作。如果對方有回應，一拍即合；沒有回應，他們不會去找好友訴苦，而是清點新的約會名單。

多數女人則在等待，一邊和朋友流淚傾訴，一邊等待新的約會。等啊等啊，半年一年——這次要睜大眼睛慢慢看慢慢挑，不能隨便讓他牽我的手，隨便吻我。

一個追，一個等。

一個在想自己能得到什麼，一個在想自己會失去什麼。

男人當然比女人好得快。

# 如果有下一輩子

我身邊有很多朋友，迷信前世後生。她們甚至可以找出自己的上輩子是什麼人，有人說自己上輩子是千年蘆葦，有人說自己是個名將，有人說前世是清朝某皇帝。

「不相信可以看我十五歲的照片，我和他長得一模一樣。」她說。

我是不相信前生今生的。

我能把握的，只有短短的這一生。

所以，這白駒過隙的幾十年，遇到愛我的人，我會對他們好，照顧他們，在他們需要的時候相伴身邊，盡力愛他們。

同樣，遇到我愛的人，我會哭會求會讓你知道。

我不相信前生後世，我相信，這輩子我欠你傷你，就沒有機會、時間可以還。

如果這輩子錯過你，也不會再有機會讓我們重新相遇相戀。

某個無神論而研究佛教的朋友說，過去的人不滿意自己的生活，所以寄希望於下輩子；我只想努力讓短暫的此生多一點快樂，少一點遺憾。

如果有下輩子。

這個假設聽起來就充滿了傷感，因為，妳已經放棄了此刻。

曾經有個聲稱很愛我的人，離開我的時候，對我說：「對不起，如果有下輩子，我會好好愛妳。」

很多年過去了，我依舊記得這句話，卻依舊沒有明白。

為什麼不能這一輩子就好好愛我呢？

# 讚美

某堂內部培訓課，三十多個女生兩兩一組，告訴對方妳有什麼優點。

小小的培訓室，頓時充滿了各種讚美的聲音。

當然，坐在我對面的X小姐，給了我很多的讚美，一條一條的。

原來我這麼美好。

我當然也稱讚X很多，她美好、善良、質樸、心靈手巧……

謝謝有這麼一個機會，我可以把我對妳的讚美說出來。

讚美別人的時候，兩個人都是快樂的。

戀愛的時候，尤其在最初的階段，我很少去誇獎對方，怕他驕傲、怕他知道他對我很重要。

多傻。

我誇獎過你嗎？應該有吧。說你可愛，說你聰明，說你讓我笑……

我還沒有講完，還有那麼多的讚美來不及告訴你。

分手之後，列一張表格，把所有你的好寫下來，是一件可笑的事情吧。

如果夠幸運，如果可以再愛一次。

請給那個人足夠的讚美。

再也不要抱怨了。

## 情書

少女時候，每天最重要的事件之一——去收發室取信。

一下課就去，顛三跑四地去，信件都被放在一張桌子上，生怕被好事者搶先，拿走我的信。

羞澀少年，明明就在同一間學校，偏偏寫了信，貼了郵票，轉了一圈才寄到我手上，地址則一貫神祕的空白。

有人寫很美的情詩——我曾把來信歸類、評選為「最有才華追求者」，事過多年，此兄果然在大學當語文老師。

也有神祕人不停寄信，卻不肯說自己是誰。從口氣和事件猜到此君是誰，當年的小福爾摩斯，是可以開班授課的。

有人持續寫了幾年的信，讀書、服兵役、工作，用心地把每個階段的照片寄給我。可惜少女時候，有一顆殘忍的心，可以讓對方抱著禮物站在樓下一晚也不會下樓。

當然也有喜歡的人。看他一次寫來五六七八頁，描述心情和感情，抱著信紙躺在自己的小世界，外面天翻地覆也和我無關。

重數量不重品質的年代，以追求者的數量為榮，以追求者的成績、排名、英俊程度排次序。

那些少女時，虛榮可愛、粉紅色的回憶。

一句話總結：當年流行彩色與香水信紙。

長大之後，聯絡方式很多。

簡訊取代了信件，傳情快捷，簡單便宜，網路、聊天工具，誰還像古人一般擺好筆硯、鋪開信紙，為開頭合適的稱謂琢磨一個時辰？

一切太快太滿，反而容易被遺忘。

手機一換，簡訊就此消失；分手之後，一個刪除鍵，通信紀錄全無。

以前的那些信，真要燒掉，也要考慮環保。要撕掉，也要坐在那裡半天，是個大工程。

少女時代中了情書的毒，我不甘心現代科技毀滅人類美好文化。於是熱戀時候收到的簡訊，每條都要用電腦列印出來，恨不得貼在牆上，每天拿出來大聲讀一遍，希望你記住你說的話。

失戀時候再看，自然氣急攻心，覺得對方是天下第一大騙子。

我也專心地寫情書——雖然使用是電腦。一首詩、一首歌、一句話，重大節日寫得長，認真、虔誠，彷彿儀式般去完成。甜言蜜語，殷勤承諾，劇烈想念，中場談判，痛心解釋，絕望沮喪，怒斥反擊……長短不一，從十個字到上千字。

再次回首，我為自己劇烈的情緒和茁壯的生命力讚嘆。

一句話：傻話瘋話，我都說過了。

一場戀愛，總是要有情書才算完整，就像一場戀愛必須要有表白和分手。最討厭的開頭是沒有承諾，最討厭的分手是突然消失。

原來我是個古代人，需要一紙書信，白紙黑字，來龍去脈說清，恨不得咬破手指蓋上血印，才肯入席或離場。

# 給前任的一句話

網路調查：*如果再遇到妳的前男友，妳最想對他說的一句話是？*

五千多人回覆。看來，說給前任聽的一句話，永遠是個熱門話題。形形色色精采語錄節選如下。

1. 儘管回憶很誘人，但對我來說，你現在就是一團廢氣。（生氣版：你就是廢氣，我還很生氣！）
2. 抱歉，我有我的苦衷。（內疚版：當年是我不對。）
3. 我的孩子下個月結婚，希望你能過來。（搞笑版或者親家版）
4. 多年不見，你過得好嗎？我挺好的。（意氣奮發版：關鍵是最後一句。）
5. 我不會再錯過了。（念念不忘版）
6. 我現在很幸福，失去你，我不後悔。（回首誓言版）
7. 你的絕情讓我學會了死心。（怨恨版。肯定吃了很多苦。）
8. 給她一巴掌，再踹她一腳，然後把她扶起來，說認錯人了。（野蠻版）

9. 妳到現在胸部都沒有成長？（也太刻薄了吧！）

10. 我們相知、相遇、相愛、相戀、相離，我們還會相知、相遇、相愛、相戀到永遠的那個人。小刺蝟不拔掉刺，怎麼才能擁住對方？（深情苦口婆心版，我猜是某位善良深情的小女人。）

11. 我好餓，可以請我吃飯嗎？（落魄版）

12. 最近好嗎？你們幸福嗎？我愛的是你，一直在等你。（癡情版）

13. 不同的人說不同的話。（現實版）

14. 我們的孩子還好嗎？（什麼情況！）

15. 靜靜地陪你走了好遠好遠，連眼睛紅了都沒有發現。謝謝你給過我愛情，日記裡總是天氣晴。（押韻詩意版——大概是位文藝工作者。）

16. 看你過得不幸福我就安心了。（直白版——你痛苦，我高興。）

17. 滾蛋！你這個超級大瞎子！別再污染老娘的眼睛和純潔生活！對了，你和純美姐啥時結婚？哦，結完了？那啥時候離婚？通知我一聲，我送花圈給你！（搞笑版——很有創意的某位小姐。）

有的人憤怒，有的人戀戀不捨，有人說一堆話，有人轉身就走，不發一言，更有人說，再也不要相見。

如果再次相見，說些什麼呢？

那些不好的事情，全部忘記吧。爭吵時的情緒，離別時的糾結，欺騙時的絕望，傷害時的眼淚，請讓時光將它釋放，請讓我統統忘記。

時光流逝，請抽掉我的深情，愛意，眷戀，委屈，憤怒，埋怨，稀釋進化成一個淺淡的笑容。

謝謝你曾經走進我的生命。

謝謝你讓我笑過。

# 日久情疏

out of sight, out of mind.

這句老話，直譯過來是：眼睛看不見了，腦袋裡也沒有了。好聽一點，文言文一點，我把它翻譯成「日久情疏」。

遠距離的戀情從來不被看好，畢竟兩個人經常見不到面，只能以大量的郵件、電話來維持關係。但是一個擁抱勝過千言萬語，親吻總是比情書來得更真實。當然，現在交通發達，科技進步，只要有足夠精力、經歷，遠距離戀情並非完全不可嘗試。

今天的問題是：你可以多久不見？

戀人之所以叫戀人，一個很重要的原因就是彼此分享。如果很久不能見面，又不常聯絡，你們會慢慢走出對方的生活，甚至想起對方，也開始覺得模糊。約會之後的一兩天，是最懷念對方的日子；一週之後，一切已經變淡，中間也發生很多新的事情。

作為兩性關係顧問，我建議初期約會的最好頻率是每週一次，保持戀愛的新鮮感，同時又在一個中斷點重新拾回這段關係。

鑒於周邊環境日新月異，每天都有這麼多事情發生，如果你們沒有到非對方莫屬的階段；一個月沒有聯絡，你們已經日久情疏了。兩個月沒有聯絡，你們不用分手——你們已經分手了。

日久情疏，如果變成一封情書，內容無非如下：

這是什麼時候發生的事情
我們已經很久沒有見面
我已經很久沒有聽到你的聲音
快樂的時候　和我分享的那個人不是你
不快樂的時候　問候也都來自別人
重要的日子　你不在那裡。
不重要的日子　更沒有什麼可講
我不覺得我對你很重要
我也不覺得你對我很重要

從此　想到你　我不再甜蜜地笑出來
想到要見你　我不再像以前那樣充滿樂趣地去打開衣櫃
想到要見你　我開始猶豫到底要講什麼
想到你　我居然不再欣喜　也居然不是生氣
我只是　開始覺得陌生
想到你　真奇怪。
我已經開始慢慢忘記你的臉

原來，無論多麼深情的戀人，有過多麼璀璨的愛，都敵不過一次次的不在。不在那裡，不在那裡，一次、兩次、三次。最初是想念，接下來是迷惑，再接下來是淡然，再下來則會變成遺忘。

# 救命的LV

最初的時候，都是好好的一顆心，清楚透明，看得見裡面的血管。

拳頭大的一顆心，充滿希望，快樂地一動一動。

有人說愛，承諾永不離棄，不撒謊不背叛，說別的沒有，安全感一筐一筐。

雙腳被幸福吹離地面，隨他出海，扔掉一切都不可惜。

不知怎麼地，受挫，被誤會，被騙，被傷害。

坦白一貫招來斥責質問，更發現自以為了解的事實，有另外一個真相。

安全和快樂因為來自謊言，總會輕易葬送。

承諾如此廉價——信口開河，隨便撕毀。

最難過的時候，大概是最初知情時，驚慌失措。

上錯了船，何去何從？

跳海？不會游泳。

在深夜裡蜷成一團，看著窗外的天慢慢變亮，彷彿某個地方破了，原本透明的心，血色渾濁。

在街道淚流滿面，顧不得失態被恥笑。大概是供養不足，原本健康跳動的心越來越慢，似乎要停頓。

忍痛，生生剪斷期待，抱著手邊的物品縱身一躍——女士們，空閒時請積攢名牌皮具用來當救生圈。

總要活下去。

總會活下去。

不管是不會漏水四個捆起就可以當船的ＬＶ行李箱、還是廉價塑膠救生圈，沉沉浮浮，總會被救，或者到岸。

好的是人生這趟旅程，除了自己放棄，否則絕不會沉底。

自癒，大口呼吸，恢復心跳。

污血排出，血管皮毛組織重新生長。

從裡到外，再次修補，再次透明健康。

笑盈盈，看不出曾經損壞，似乎和過去一模一樣。

夜間讀書，偏偏那個調皮的孩子，轉述彼得潘的話。

只要是初次碰到不平等的對待，每個孩子都會有這樣的反應。

當他對你友好、真誠時，他在心裡所期待的是得到同樣反應。

假如他初次受到了不公平的待遇，可能他還愛，只是從那以後，就再也不是原來的那個孩子了。

# 都是好的

少年時候的好友來聊天借宿，我們如同小時候補習完擁一床被而眠。

和以前的人在一起，逃不掉的事就是懷舊。自然碎碎唸起很多以前認識的人。

小時候認識的男生，居然都已為人夫、為人父，剩下的幾個則音訊全無。

她說我小時候就被很多男生喜歡，小小年紀就知道用美色讓人家幫我找輔導資料。我回擊她十年河東十年河西，如今甘願自生自滅的人是我；小時候男孩子一樣的她，如今反而有男朋友照顧。

兩個人睡在床上，合拍兩張腦袋併在一起的照片。

她談了一場很長的戀愛，幾乎十年這麼久。而我，不停地轉學、出國、顛沛流離，最長的一段戀愛不到一年。

她少年時短髮，沒有女孩子的柔媚，反而是男孩子的英俊。我那時候是永遠天真的妹妹頭，細長的身形，穿上海軍衫，就可以去拍標準的學生妹廣告。

她留了一頭齊肩頭髮，開始描述男朋友。我的長頭髮已經留了九年，髮型一直沒有怎麼變過。

一點多的時候，她睡著了，我在床上反反覆覆睡不著，輕手輕腳披上衣服，打開電腦放在腿上，看了看 LINE 上面的聯絡人清單，卻又照舊不發一語。

有時候覺得甜蜜，有時候覺得茫然。

過去的這些年，時間教會我不再苛求。

曾經非常執意固執，總要如願以償，天真燦爛，覺得世界是圍著自己轉，不相信有什麼自己要不到的。

如今，看世間的多變和殘忍，終於知道種種並不能盡如人所願。

有，是好的。沒有，也是好的。

瞬間的光，我也會說謝謝。

## 名字

中文名字有中文名字的好處，就是中華文化博大精深，很少出現重名的情況。英文名字不同，隨便去一個派對，可能就有兩個凱文三個南西。

調情高手很會利用這種情況，對方一說自己叫德瑞克，她就會眨著眼睛微笑，說：「你是我生命中第三個德瑞克。」

以前的是怎麼樣呢？你自己去猜，總之，你對我來說很特別——這個資訊一旦放出去，一段談話就要開始了。

重名，可以變成一段談話的開始，也同樣可以變成終止一段談話的原因。

C小姐剛剛和一個叫喬伊的先生中止交往。一個派對之後，早上醒來收到一條簡訊：嘿，我很喜歡妳，妳會打給我嗎？喬伊。

看電話號碼，此喬伊非彼喬伊。

怎麼打給你呢？叫你的名字？每叫一次你的名字，都會想起另外一個人。每一次和你約會，都被迫要回憶一下過去。在打算遠遠逃離這個名字的時候，這個名字又插著大旗闖了進來。

會和你約會嗎？當然不會。

老兄，你很好，只是叫錯名字了。

這個世界上，也會有很多塔米（Tammy，我的英文名字）吧。

也許有一天，你會遇到一個可愛的女生叫塔米。電視裡有個演員叫塔米，走過街道，突然聽到有人在叫她的朋友，塔米塔米……

你會想起我嗎？

如果想起，希望你是微笑的。

彷彿從未心碎／郈敏作.
——第一版.——臺北市：樂果文化, 2014.03
面；　公分. ——（樂女人；3）

ISBN 978-986-5983-63-5（平裝）
1. 女性　2. 兩性關係　3. 生活指導

544.5　　　　　　103000190

樂女人003
彷彿從未心碎
作者／郈敏 Tammy Tai

總編輯／陳秀雯
視覺設計／Essensu Office 郭靖汶
內文排版／Essensu Office 郭靖汶
出版／樂果文化事業有限公司
讀者服務專線／（02）2795－3656
劃撥帳號／50118837 樂果文化事業有限公司
定價／200元
出版日期／2014年4月第一版
ISBN／978-986-5983-63-5（平裝）
印刷廠／卡樂彩色製版印刷有限公司
總經銷／紅螞蟻圖書有限公司
地址／台北市內湖區舊宗路二段121巷19號（紅螞蟻資訊大樓）
電話／（02）2795－3656
傳真／（02）2795－4100